Kohlhammer

Bernd Vogel

„Alle Angst vor der Zukunft überwunden …“

Mit Dietrich Bonhoeffer im Gespräch

Verlag W. Kohlhammer

In Erinnerung an Ruth-Alice von Bismarck,
geb. von Wedemeyer (1920–2013)

Umschlagabbildung: Dietrich Bonhoeffer 1935 auf dem Zingsthof.
Alle Bonhoeffer-Bilder sind mit freundlicher Genehmigung dem Bonhoeffer-Portal entnommen (www.dietrich-bonhoeffer.net).

1. Auflage 2020

Gesamtherstellung: W. Kohlhammer GmbH, Stuttgart

Print:
ISBN 978-3-17-038671-6

E-Book-Format:
pdf: ISBN 978-3-17-038672-3

Inhaltsverzeichnis

Hinführung

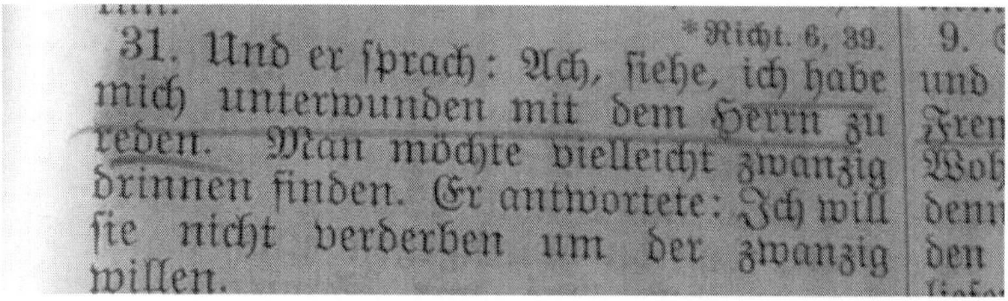
31. Und er sprach: Ach, siehe, ich habe mich unterwunden mit dem Herrn zu reden. Man möchte vielleicht zwanzig drinnen finden. Er antwortete: Ich will sie nicht verderben um der zwanzig willen.
*Richt. 6, 39.

1. Mose 18,31 unterstrichen in Dietrich Bonhoeffers Bibel[2] „Ach, siehe, ich habe mich unterwunden mit dem Herrn zu reden." Foto: B. V.[3]

Dietrich Bonhoeffer „redete" wie Mose und die Propheten „mit dem Herrn". Er war ein Meister des Gesprächs. Wir leben in einer Zeit, in der die Zukunft der Menschheit gelingende Kommunikation über Wesentliches erfordert.

75 Jahre nach seiner Ermordung geht es mir um einen neuen Zugang zu Bonhoeffers Lebenswerk für das 21. Jahrhundert. Er war ein Großer unserer deutschen Geschichte und ein inspirierender Theologe, dessen Erbe noch auf uns wartet.

Man muss weder „religiös" noch „kirchlich" sein, um sich für Bonhoeffer zu interessieren. Der Autor seiner Texte hielt sich für keine religiöse Natur. Er hat die Liebe zu und die Solidarität mit seiner Kirche nie aufgekündigt und die „Gemeinschaft der Heiligen" auch nach schlimmen Erfahrungen nicht verächtlich gemacht; aber er hat ihr auf den Grund geschaut. Viel hat er von der Kirche erwartet. Zu viel vielleicht. Letztlich ging es Bonhoeffer um Menschwerdung. Die Frage war, ob und was Kirche dazu beiträgt.

Wer Bonhoeffer liest, wird sich wundern, wie „aktuell" er damals war und heute wieder ist. Tagesbezüge werden im Laufe der Kapitel reichlich hergestellt. Im Zentrum dieses Buches aber steht er selbst, seine Person und sein Lebenswerk. An dieser Stelle die Einladung in die Staatsbibliothek in Berlin. Wir bekommen in der Handschriftenabteilung ein kleines Stück Papier ausgehändigt. Und damit geht das Abenteuer los.

Bernd Vogel, Januar 2020

Von Bonhoeffer Notiz nehmen

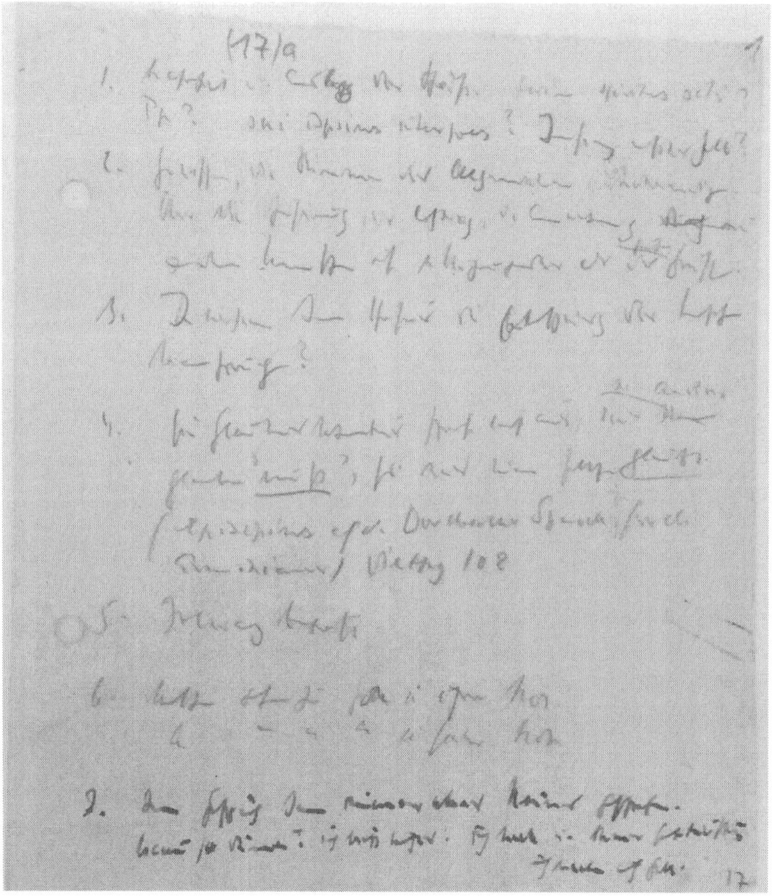

Notizen Juli 1944 (Vorderseite; 8,506f., Foto: B.V.)[4]

Ein postkartenkleiner Notizzettel. Vergilbtes Papier, in schwer lesbarer Handschrift offensichtlich undatierte und hastig geschriebene Notizen aus dem Juli 1944, mit einem schwarzen Stift, wahrscheinlich Bleistift, geschrieben, unter „7." mit Federhalter und blauer Tinte.

Manches weist zeitlich und sachlich zurück in Gespräche im Predigerseminar in Finkenwalde Mitte der 30-er Jahre. Anderes steht im Kontext der theologischen Überlegungen der letzten Wochen und blickt sachlich voraus in eine theologische Aufgabe, die Bonhoeffer noch vor sich sieht, bevor sein Leben in absehbarer Zeit gewaltsam zu Ende sein könnte. Es geht um grundsätzliche theologische Fragen, vor allem darum, wie nicht nur Texte und speziell die Bibel, sondern wie das menschliche Leben zu ‚verstehen'[5] sei.

„1. Wahrheit u. Auslegung der Schrift. Testim[onium] spiritus sancti? [= „Das Zeugnis des Heiligen Geistes" im Menschen, B. V.] Ph?[6] Sui ipsius interpres? [„Die sich selbst auslegende (Bibel)", B. V.] Instanz ausserhalb?" [alternativ: „ausser Gott", B. V.][7]

2. Gewissen, die Stimme des Allgemeinen und Notwendigen. Aber die Zustimmung, der Auftrag, die Anerkennung durch einen anderen Menschen ist überzeugender als das gute Gewissen.

3. Inwiefern kann Christus die Entscheidung der Menschen beanspruchen?

4. Ein Glaubensbekenntnis spricht nicht aus, was ein anderer glauben ‚*muss*', sondern was man selbst *glaubt*. (Episcopius auf der Dortrechter Synode für die Arminianer) Dilthey 102

5. Toleranzbegriff

6. Menschen gehen zu Gott in ihrer Not
Menschen gehen zu Gott in seiner Not

7. Im Gespräch kann immer etwas Neues geschehen.
Warum so dumm? Ich weiss nichts: ich warte u. immer Enttäuschung. Ich warte auf Gott

8. Wenn ich Gedichte von Dichtern lese"
(vgl. 8,506f.).

Hermeneutik

„Hermeneutik" nennt man seit der griechischen Antike die Lehre vom Verstehen insbesondere von Texten. Bonhoeffers Lebenswerk zu „verstehen" ist m. E. eine hermeneutische Herausforderung. Es reicht nicht, Bonhoeffers Texte als Einzelstücke zu lesen, auch nicht, sie in ihrem zeitlichen und geschichtlichen Kontext zu verorten. Es ist darüber hinaus sinnvoll, sie als Worte dieses Menschen zu verstehen, der er war. Natürlich ist jede Biographie eine Konstruktion des Biographen. Trotzdem sollten wir der Person Dietrich Bonhoeffer möglichst nahekommen, um ihn im 21. Jahrhundert, in einer Kultur der „Postmoderne" bzw. „Spätmoderne" [dieser Begriff betont die heutige Zeit nicht als Gegenbewegung, sondern als Spitze der „Moderne], geprägt von durchgängigem Individualismus, neu in das gesellschaftliche Gespräch zu bringen. Der Autor seiner Texte ist – entgegen einer einflussreichen These in der Literaturwissenschaft[8] – im hermeneutischen Sinne nicht „tot", sondern durch seine Texte auch als der Mensch, der er war, sehr präsent. Das ist speziell bei Bonhoeffer so, weil er selbst seine Äußerungen aufeinander bezog und das Geschriebene mit seinem Leben bewahrheiten wollte, weil er nur „existenziell" denken mochte.

Wahrheit und Auslegung der „Schrift"

Sagt der protestantische Lehrsatz, dass die Heilige Schrift, die Bibel, sich selbst auslege und der Heilige Geist dem Menschen von der Wahrheit des Bibelwortes Zeugnis gebe [„testimonium" = „Kennzeichen" i. S. von „Zeugnis", B. V.], für Menschen des 20. [und heute des 21.] Jahrhunderts etwas Sinnvolles? Bonhoeffer stellt infrage, was er jahrelang als selbstverständliche Grundlage seiner eigenen Bibelauslegung akzeptiert und praktiziert hatte.

Gibt es eine „Instanz ausserhalb?" Soll heißen: Wer entscheidet mit welchen Maßgaben über das angemessene Verstehen der Bibel? Wer ist, abgesehen von der unverfügbaren Wirkung des Geistes Gottes in der Seele des Menschen („testimonium spiritus sancti"), die äußerlich sichtbare und maßgebliche „Instanz"? Wer legt die Bibel aufgrund welcher Befugnis und mit welchen Methoden aus? Wer sagt einem gültig, was „wahrhaftig" und was „wahr" ist?

Die Lehre vom „testimonium spiritus sancti" hat der Genfer Reformator Johannes Calvin (1509–1564) wirkmächtig ausgearbeitet. Für ihn wie für Martin Luther (1483–1546) bedeutete er zumindest auch: Die römische Kirche konnte die maßgebliche „Instanz" nicht (mehr) sein. „Allein die Schrift" („sola scriptura") setzten beide gegen das Lehramt von Kirche und Papst; und der Heilige Geist bewirkt in den Gläubigen die wahre Erkenntnis dessen, was die „Schrift" bezeugt.

Aus der Sicht der röm.-katholischen Kirche sieht die Thematik anders aus: Wenn die Kirche den Anspruch, die in Wahrheitsfragen maßgebliche „Instanz" zu sein, aufgeben würde, dann wäre aus Sicht des kirchlichen Lehramtes dem Scheinglauben und Irrglauben Tür und Tor geöffnet. Kann das Befinden über die letztlich göttliche „Wahrheit" tatsächlich delegiert werden an Menschen, die über sie befinden? Diese Frage steht heute im Hintergrund der Diskussion über einen „synodalen Weg“ in der katholischen Kirche über Fragen wie Zölibat und den Zugang von Frauen zum Priestertum.

Bonhoeffer sieht die hermeneutischen Grundfragen über Wahrheit und Bibel und Kirche neu eröffnet. Wer entscheidet mit welcher Befugnis über eine wahrheitsgemäße Schriftauslegung? Wer liest die Bibel richtig?

Gibt es – nach der alternativen Lesart: eine „Instanz“ „ausserhalb“ etwa im Sinne von: „ausser Gott“? Insofern ausschließlich der Heilige Geist den Menschen die Heilige Schrift auslegt, die „Schrift“ sich also gewissermaßen selbst interpretiert („sui ipsius interpres“), kann es konkurrierende „äußere“ Kriterien, die über die „Wahrheit“ einer Bibelauslegung entscheiden, nicht geben. Gott müsste den Menschen einen eigenständigen Zugang zur „Wahrheit“ der Schrift gewähren, sozusagen „ausser Gott“, damit überhaupt sinnvoll davon gesprochen werden könnte, dass ein Mensch – und nicht Gott selbst – die „Schrift“, d. h. das „Wort Gottes“ „auslegt“.

Zum Zeitpunkt der Juli-Notiz hatte Bonhoeffer seine in Teilen neue Theologie in Briefen an Eberhard Bethge (1909–2000) bereits formuliert. Es ging ihm um den „religionslosen“ und „mündigen“ Menschen und die Frage, wie dieser Mensch von Gott in Anspruch genommen werden konnte. Die Menschen müssten in der Welt leben, „als ob es Gott nicht gäbe“ (vgl. 8,530) und lebten doch in der Welt, die Gott geschaffen hatte und deren Geheimnis der Mensch Jesus war. Was hieße das für die Bibelauslegung, wenn völlig „unreligiöse“ Menschen die Bibel lesen, „als ob es Gott nicht gäbe“?

Bonhoeffer weigerte sich trotz und mit seinen aufregenden neuen theologischen Fragen und Gedanken hartnäckig, den im 19. Jahrhundert aufgekommenen Historismus mit zu vollziehen, nach dem die Bibel eben auch nur als ein sicherlich ehrwürdiges Konglomerat antiker Texte zu lesen sei. Er hält fest daran, dass die „Wahrheit“ der Bibel göttlichen Ursprungs und göttlichen Wesens sein muss und zugleich der Text ist, den Menschen geschrieben haben und den Menschen lesen, gänzlich ohne alle kirchlich-theologischen Sicherungen und Vorbehalte. Aber wie geht das beides zusammen? Wie wirkt Gott in der Weltwirklichkeit? Wie kommt Gott in der Welt zu seiner Wirklichkeit? Das ist die Bonhoeffer-Frage.

Bonhoeffer distanzierte sich an dieser Stelle von Karl Barth (1886–1968) und stellte sich an die Seite Rudolf Bultmanns (1884–1976), dessen „intellektuelle Redlichkeit“ er bewunderte (16,248), ohne allerdings

Bultmanns Hermeneutik ausreichend zu finden (8,482f.). Im März 1942, noch vor der Gefängniszeit, schrieb Bonhoeffer:

„Bultmann hat die Katze aus dem Sack gelassen, nicht nur für sich, sondern für sehr viele (die liberale Katze aus dem Bekenntnissack), und darüber freue ich mich. Er hat gewagt zu sagen, was viele in sich verdrängen (ich schließe mich ein), ohne es überwunden zu haben" (16,344).

Bonhoeffer bezog sich auf den Aufsehen erregenden Aufsatz Bultmanns: „Neues Testament und Mythologie" (1941).[9] Bultmann stellte darin fest, dass das Neue Testament das „Heilsgeschehen" im Gewand eines „mythischen Weltbild(es)" erzähle und dass diese Tatsache ein ernst zu nehmendes Hindernis für die „Verkündigung" der Botschaft von Jesus Christus sei. Es sei, so Bultmann, in keiner Weise sinnvoll, vom „modernen Menschen" zu verlangen, dass dieser hinter den Stand seiner Kenntnisse und seines Erkenntnisvermögens zurückfallen solle. Eine zwanghafte Wiedereinführung geistesgeschichtlich überholter Sprachmuster, die „Repristinierung" des „mythologischen Weltbildes" (Bultmann,13) wecke keinen Glauben, sondern verhindere im Gegenteil die Möglichkeit, dass der „moderne Mensch" zum Glauben an das „Heilsgeschehen" in Jesus Christus komme. Durch den kulturellen Fortschritt, insbesondere in der „Wissenschaft", seien einfach bestimmte Elemente des mythologischen Weltbildes „erledigt":

„*Welterfahrung und Weltbemächtigung* sind in Wissenschaft und Technik so weit entwickelt, daß kein Mensch im Ernst am neutestamentlichen Weltbild festhalten kann und festhält. Welchen Sinn hat es, heute zu bekennen: ‚niedergefahren zur Hölle' oder ‚aufgefahren gen Himmel', wenn der Bekennende das diesen Formulierungen zugrunde liegende mythische Weltbild von den drei Stockwerken nicht teilt? Ehrlich bekannt werden können solche Sätze nur, wenn es möglich ist, ihre Wahrheit von der mythologischen Vorstellung, in die sie gefaßt ist, zu entkleiden, – falls es eine solche Wahrheit gibt [...] Man kann nicht elektrisches Licht und Radioapparat benutzen, in Krankheitsfällen moderne medizinische und klinische Mittel in Anspruch nehmen und gleichzeitig an die Geister- und Wunderwelt des Neuen Testaments glauben. Und wer meint, es für seine Person tun zu können, muß sich klar machen, daß er, wenn er das für die Haltung des christlichen Glaubens erklärt, damit die christliche Verkündigung in der Gegenwart unverständlich und unmöglich macht" (Bultmann,15f.).

Statt vom modernen Menschen das Opfer seiner intellektuellen Redlichkeit zu verlangen, habe die Theologie die Aufgabe, die theologische

Kernidee des Neuen Testaments herauszufinden, verständlich zu formulieren und als „Kerygma“ [Verkündigung] zu predigen – so, dass der moderne Mensch sich mit seinem „Vorverständnis“ von sich selbst und vom Leben unmittelbar angesprochen fühle.

Bonhoeffer teilte Bultmanns Solidarität mit dem „modernen“, d. h. für ihn: „religionslosen“ und „mündigen“ Menschen. Auch er wollte dem „religionslosen“ Menschen solidarisch an die Seite treten und ernstnehmen, was und wie der Mensch nun einmal tagtäglich dachte, eben „säkular“, „weltlich“. Bonhoeffer meinte mit Bultmann und in dieser Hinsicht einig mit der historisch orientierten Denkrichtung der liberalen Theologie, es habe gegenüber dem Zeitalter Luthers tatsächlich eine wesentliche Verschiebung in der Selbstwahrnehmung des „mündigen“ Menschen gegeben, an der die Theologie und Predigt nicht vorbeireden dürften.

Karl Barth hat dagegen, am Ende mit einem nachsichtigen Schmunzeln, sich gefragt, wer das sein sollte: dieser sogenannte „moderne“ Mensch. Im Grunde seien die Fragen des modernen Menschen keine anderen als die Fragen eines Paulus oder Luther. Statt ein „Kerygma“ nach den Verständnisvoraussetzungen eines sogenannten modernen Menschen zu formulieren, sei der Mensch mit der ganzen biblischen Botschaft zu konfrontieren, wie sie da nun einmal im Kanon Alten und Neuen Testaments feststünden.

Bonhoeffer aber teilte Bultmanns Sensibilität für den „modernen“ resp. „mündigen“ Menschen, kritisierte allerdings Bultmanns Methode der „Entmythologisierung“. Sie liefe auf eine „Reduktion“ des inhaltlichen Gehalts des Neuen Testaments (vom Alten ganz zu schweigen) hinaus.

„Ich bin nun der Auffassung, daß die vollen Inhalte einschließlich der ‚mythologischen‘ Begriffe bestehen bleiben müssen – das N. T. ist nicht eine mythologische Einkleidung einer allgemeinen Wahrheit!, sondern diese Mythologie (Auferstehung etc.) ist die Sache selbst! – aber daß diese Begriffe nun in einer Weise interpretiert werden müssen, die nicht die Religion als Bedingung des Glaubens [...] voraussetzt“ (8,482).

Der „Bekenntnissack“, aus dem Bultmann die „Katze“ frei gelassen hatte, wäre aus Sicht Bonhoeffers eine Art Mausoleum eines im Grunde längst untergegangenen christlichen Glaubens, vielleicht eine „religiöse“, vielleicht eine „kirchliche“ Behauptung über einen Glauben, den redliche Menschen aber nicht mehr teilten, selbst die Theologen und Theologinnen nicht, was sie „in sich verdrängt“ hätten. Solcher Art behaupteter „Religion“ dürfe nicht „Bedingung des Glaubens“ und damit

„Bedingung des Heils" sein. Das – im biblischen Sprachduktus nach Paulus gesprochen – beschneide sozusagen den mündigen Menschen. Es mache ihm oder ihr den Glauben unmöglich (8,408,482).

Andererseits wäre, die „Katze" laufen zu lassen und zu sehen, wo sie hinwolle, ein Beweis für jene freie Luft der geistigen Auseinandersetzung, auf die es Bonhoeffer schon in der Jugend ankam und die er in seiner Kirche vermisst hatte (8,560).

Bonhoeffer möchte anders als Bultmann *in* den mythologischen Formen der biblischen Texte, auch z. B. in den Wundererzählungen, die „Wahrheit" der Texte aufspüren und diese Wahrheit unverkürzt so sagen, dass der moderne Mensch sich zugleich ganz ernstgenommen und in Anspruch genommen, d. h. in eine echte geistige Auseinandersetzung gerufen sieht.

Bonhoeffers Notiz hat noch eine weitere Facette: Die lutherische Orthodoxie hatte der „Heiligen Schrift" eine nicht weiter erklärungsbedürftige Wahrheit und Autorität zuerkannt, eine Selbstevidenz und „Autopistie": Allein durch das Lesen der „Schrift" konnte der Glaube geweckt werden, sozusagen durch die Schrift selbst.

Bonhoeffer hielt es lange Zeit ähnlich. Von der historischen Kritik der Bibel erwartete er nicht sehr viel. Im Gegenteil konnte der Ansatz, sich über den biblischen Text als über ein Objekt zu beugen, das dem modernen Menschen und seinem analytischen Verstand ausgeliefert ist, dazu verführen, sich von der „Wahrheit" der Bibel nicht infrage stellen zu lassen. Damit wurde die Botschaft der Bibel subjektiv beliebig und existenziell „billig": Der Mensch hörte dann nur heraus, was er vorher hineingelesen hatte.

Dass man mit Zuhilfenahme der historischen Kritik den Sinn biblischer Texte massiv verfälschen konnte, sah Bonhoeffer an den Theologen, die ihre nazistische Ideologie zur „Instanz" ihrer „Wahrheit" machten.

Im Juli 1944 löst Bonhoeffer sich nach und nach von allen theologischen Sicherungen eines Denkens, nach dem irgendjemand, und sei es aufgrund einer theologischen Einsicht oder kirchlichen Lehre, irgendetwas Bestimmtes „glauben" müsse. Die Frage lautet nun stattdessen, was man selbst „wirklich" glaubt, so dass man mit seinem Leben daran hängt (vgl. 8,559). Diese Frage wird der Dreh- und Angelpunkt für Bonhoeffers späte Theologie. So schlicht und selbstverständlich sie klingt, ist sie für ihn selbst in dieser Offenheit und Unbedingtheit eine Revolution des Denkens.

Bonhoeffer hatte immer betont, dass ein „Bekenntnis" zu sprechen immer eine kirchliche Angelegenheit in einer bestimmten Situation sei. Nun erweitert er den Gedanken um das Persönliche, ja: Individuelle. Das „Wir", in dem Bonhoeffer nach dem fragt, was „wir" wirklich glauben, beinhaltet wohl den angeschriebenen Freund auch als den Teilnehmer in der Gemeinschaft der Kirche, greift doch aber zugleich weit darüber hinaus. Potenziell ist jeder Mensch gefragt, was „man selbst glaubt" (4. Notiz).

In der zweiten und dritten Notiz klingen Bonhoeffers Überlegungen in Bezug auf seine Beteiligung am Widerstand an. Sie erinnern an seine fragmentarische „Ethik", hängen zusammen mit den Verhören, die er gerade erleben muss, und theologisch mit der Frage, was es heiße, die Wahrheit zu sagen.

„Toleranzbegriff"

Die fünfte Notiz besteht aus einem Wort. Bonhoeffer wusste 1944 nichts von den Anfängen der späteren Kritischen Theorie der Frankfurter Schule[10]; aber er strebte zeitgleich eine Revision der Theologie an.

Ihn beeindruckten Sätze des in der Tradition Schleiermachers denkenden Theologen und Philosophen Wilhelm Dilthey (1833–1911):

„Nach Toralba [einer Lessings „Nathan" vergleichbaren Figur in einem Roman Jean Bodins, den Dilthey darstellt, B. V.] steht es fest, daß ursprünglich Gott mit der Vernunft zugleich den Menschen die Religion eingepflanzt hat. Diese Naturreligion ist zur Glückseligkeit ausreichend [...] Und mit Verachtung blickt Toralba auf die kirchlichen Schriftsteller, auf die bornierten Konzilien und auf die theologische Korruption, durch welche diese ursprüngliche Religion verdorben worden ist. Dieser ganzen Korruption der ursprünglichen Religion gegenüber beschwört er die Vertreter der positiven Religionen, sich an die Reinheit der Kinderseele, an die Übermacht des Guten in der Natur und an die Geltung der Vernunftgründe zu halten. [...] Wie hierin das Gespräch überall an den Nathan erinnert, so alsdann besonders in dem friedeseligen Schluß. In diesem wird nicht nur die Lehre von der Toleranz verkündigt, sondern es wird die Eintracht aller Religionen untereinander gefordert." (Dilthey,149f.)

In Verbindung mit Notiz 1 bedeutet der „friedeselige Schluß", zu dem die Romanfigur Toralba wie später Lessings Nathan kommen: Wesentliches Kriterium einer angemessenen Bibelauslegung ist weder die Lehre einer Kirche, einer theologischen Schule, noch nicht einmal das Insistieren auf göttlicher „Offenbarung", sondern auf der operationalen Ebene eine Methodik, mit der Menschen verschiedener Auffassungen um die konkrete Wahrheit eines Textes ringen, einander dabei in ihrer Unterschiedlichkeit und Gegensätzlichkeit „tolerieren".

Menschen gehen zu Gott

Die sechste Notiz bezieht sich auf Bonhoeffers Gedicht „Christen und Heiden", den wohl eindeutigsten Ausdruck seiner neuen Theologie (8,515f.).

> „Menschen gehen zu Gott in ihrer Not,
> flehen um Hilfe, bitten um Glück und Brot
> um Errettung aus Krankheit, Schuld und Tod.
> So tun sie alle, alle, Christen und Heiden.
>
> Menschen gehen zu Gott in Seiner Not,
> finden ihn arm, geschmäht, ohne Obdach und Brot,
> sehen ihn verschlungen von Sünde, Schwachheit und Tod.
> Christen stehen bei Gott in Seinen Leiden.
> Gott geht zu allen Menschen in ihrer Not,
> sättigt den Leib und die Seele mit Seinem Brot,
> stirbt für Christen und Heiden den Kreuzestod,
> und vergibt ihnen beiden."

„7. Im Gespräch kann immer etwas Neues geschehen. / Warum so dumm? / Ich weiss nichts: ich warte u. immer Enttäuschung. / Ich warte auf Gott." Die 7. Notiz ist von fundamentaler Bedeutung. Diese wird im Laufe unserer Betrachtungen sich nach und nach erweisen.

„Ich warte auf Gott"

Dietrich Bonhoeffer war ein sensibles Kind. Immer fiel ihm etwas ein. Es war immer etwas zu beobachten oder zu tun. Er lebte intensiv, legte später Wert auf elegante Kleidung, aß gut, rauchte Zigaretten. Er wanderte, liebte die Sonne, den Strand, das Meer. Er spielte hervorragend Klavier und Gitarre zum Gesang. Beim Tischtennis und Tennis wollte er unbedingt gewinnen. Als Vikar in Barcelona faszinierte ihn der Stierkampf, dazu als Lektüre Hemingways „Fiesta". Er saß in den Straßencafés der Rambla und fühlte sich wie ein Künstler.

Die Juli-Notizen zeigen den Menschen, der gelegentlich depressive Anfälle zu bewältigen hatte, der hin und her schwanken konnte zwischen der Gewissheit, von Gott beauftragt und ein Starker zu sein, und einem tiefsitzenden und an ihm nagenden Selbstzweifel. Im Juli 1944 hat er fünfzehn Monate Untersuchungshaft hinter sich, zeitweilig „umgetrieben vom Warten auf große Dinge“ (8,513), auf einen gelingenden Umsturzversuch und die Befreiung aus dem Gefängnis, auf ein Leben mit Maria in einer Zeit nach Hitler, nach dem Elend. In solchen Phasen zweifelt er gelegentlich an sich selbst. Er kann sich der „Dummheit“ bezichtigen und meinen, er wisse „nichts“. Er staunt über die Kunst der Dichter: „Wenn ich Gedichte von Dichtern lese“.

Am Ende eine Notiz, die alles Vorherige in eine Klammer rückt; denn allein darum geht es ihm zuerst und zuletzt: Er will mit seinem Gott vereint sein, präzise mit Gott im Menschen Jesus.

„Ich weiss nichts: Ich warte u. immer Enttäuschung
Ich warte auf Gott“.

Weihnachtliche Musikstunde Heiligabend 1940 im Kloster-Hotel „Ludwig der Bayer“. Dietrich Bonhoeffer am Klavier, Eberhard Bethge mit Querflöte, die Neffen Christoph und Klaus von Dohnanyi.

Nach 75 Jahren – ein Gespräch

75 Jahre. Drei Generationen nach 1945 geht es den meisten in Deutschland so gut wie nie zuvor. Wir leben in Freiheit, in demokratischen Verhältnissen, in einer Wohlstandsgesellschaft. 75 Jahre ohne Krieg im eigenen Land. Die vierte Generation nach 1945 wächst in einem schwierigen, aber insgesamt erfolgreichen und friedlichen Europa auf.

Der große Schatten, den jene Zeit vor mehr als 75 Jahren auf die Welt gelegt hat, ist trotzdem spürbar. Wenn auch, aufgrund der Zäsur 1989 und neuer Herausforderungen, vom Ende der Nachkriegszeit die Rede ist, kann vom Ende notwendigen Gedenkens keine Rede sein.

Bemerkenswerterweise treten unter der Oberfläche tagespolitischer Beurteilungen jede Menge nachdenkliche Fragen auf den Plan, die man lange nicht mehr gehört hatte. Auch viele Menschen der europäischen Spätmoderne beginnen die ehemals gewöhnlichen Fragen der Moderne und ihrer sie begründenden Tradition wieder und neu zu stellen. Um z. B. die „Klimawende" zu schaffen, müssen Fragen gestellt werden, wie man sie im Alltag der prosperierenden Gesellschaften des Westens lange nicht mehr gehört hatte.

Die Demokratie ist gefordert. Wie lässt sich ein zeitaufwändiger demokratischer Diskurs führen bei drängender Gefahr, wenn unverzüglich gehandelt werden muss? Wie kommen wir gewaltfrei in ein verbindliches und vernünftiges Gespräch in „Wahrheitskonkurrenz" (Habermas 1,76)[11], über Parteigrenzen, Milieugrenzen, Religion und Nicht-Religion hinweg?

Ungerechtigkeit im globalen Maßstab, Migration, Klimakrise, bedrohter Frieden, Kriege in Afrika und im Nahen Osten, gesellschaftliche Verwerfungen, Judenhass, Fremdenhass, Respektlosigkeit im Umgang mit einander: Die politischen Herausforderungen weisen im Kern auf grundlegende menschheitliche Orientierungsfragen, über die gesprochen werden muss. Sprechen, um zu handeln.

Bis heute ist es nicht gelungen, das kapitalistische Wirtschaftssystem daraufhin zu reformieren, dass wir Menschen die Lebensgüter der Erde teilten, dass alle Menschen menschenwürdig leben könnten. Bis heute werden die Banken und Börsen kaum reguliert. Die Klimakrise ist die durch die jungen Leute auf die Tagesordnung gesetzte Spitze einer verfehlten globalen Politik, deren in Bonhoeffers Sinn „letzte" Ursache nicht ausschließlich in der ungerechten Güter- und Machtverteilung an sich zu sehen wäre, sondern in einem durch die äußeren Manifestationen zum Ausdruck gekommenen Ungeist von Selbstbezogenheit und maßloser Gier, theologisch: von „Sünde".

Wer dem zunehmenden Kampf aller gegen alle, dem Recht des Stärkeren, dem Chauvinismus und Sexismus mächtiger Männer, den vielfältigen Verunsicherungen der Menschen im Alltag Substanzielles entgegensetzen möchte, wer sich zu den zwielichtigen Aspekten von moderner Humanmedizin und Künstlicher Intelligenz verantwortlich stellen will, muss unter die Oberfläche der Tagespolitik auf den wirklichen Menschen schauen und nach dem Menschenbild fragen. Sollten uns da Worte und Texte eines Theologen des 20. Jahrhunderts zum Gespräch reizen?

„Im Gespräch kann immer etwas Neues geschehen."

Er war von Kindheit her gewohnt, gute Gespräche zu führen. Dabei war es wichtig, zuhören zu können. Erst nach dem Auf-einander-Hören erwarteten die Eltern, insbesondere der Vater, eine eigene und selbst verantwortete Reaktion der Kinder.

Das Gespräch konnte leicht und heiter sein, ein reines Vergnügen, ein „Spielraum der Freiheit" (8,291). Immer blieb es eine, vielleicht unvermutete, Gelegenheit, einander Wesentliches mitzuteilen, miteinander „gemeinsames Leben"[12] zu gestalten. Das Gespräch war in der Familie Bonhoeffer eingebettet in gemeinsames Musizieren, in Wanderungen nach gemeinsamen Mahlzeiten. So haben Bonhoeffers Freunde Gespräche mit ihm erfahren, die Jugendlichen und die Kandidaten in den „illegalen" Ausbildungsstätten der Bekennenden Kirche.

Das „Neue", das „geschehen" sollte, erwartete er in Bezug auf die großen menschlichen Fragen nach „Wahrheit" und „Toleranz", nach „Gott" und dem „Menschen". Das „Neue" ist das Lebenskluge. Es überwindet die „Dummheit". „Dummheit ist ein gefährlicherer Feind des Guten als Bosheit." (8,26).

Unbezweifelbare Gewissheiten sind im Lebensgefühl der pluralistischen Post- oder „Spätmoderne" allerdings nicht möglich. Jede Gewissheit gilt als bezweifelbar.

Wer keinen Fundamentalismus will, muss die „Ambiguitäten" der erfahrenen Wirklichkeit kreativ, d. h. gewaltfrei aushalten und gestalten.

Ein in diesem Sinne spätmoderner Lebensentwurf fordert heute die Fähigkeit zu tiefgreifender „Ambivalenz“ (Klessmann[13]).

Bonhoeffer hätte statt von „Ambivalenz“ von der „Mehrdimensionalität“ des menschlichen Lebens gesprochen (8,453f.), die er in einem musikalischen Bild allerdings in „Christus“ als dem „cantus firmus“ des symphonischen Fugenwerkes – ein Bild für das fragmentarisch bleibende menschliche Leben – begründet sah (8,440ff.).

Quo vadis, ecclesia?

Nach dem Krieg haben sich die überlebenden Kirchenleitenden der Bekennenden Kirche einer landeskirchlich und eher lutherisch-konfessionalistisch denkenden Mehrheit von „Kirchenführern“ gebeugt. Das bedeutete eine weitgehende organisatorische und geistige Restauration der Volkskirche, wie sie in Bezug auf den lutherischen Protestantismus vom landesherrlichen Kirchenregiment Luthers über den preußischen König als weltliches Oberhaupt der evangelischen Kirche bis zur Weimarer Republik ihre Gestalt und Wirkung gefunden hatte.[14]

Bonhoeffer hatte dagegen für die Nachkriegskirche eine völlige Umgestaltung ihrer Organisationsstruktur erhofft. Getreu seinem Verständnis von „Nachfolge“ musste hier der äußere „Gehorsam“ geleistet werden, um allererst wieder „glauben“ lernen zu können. Die äußere Form, die „Ordnung“ der Kirche – Landeskirche in Partnerschaft mit dem Staat oder Freikirche? – war ihm keine an und für sich wichtige Frage, sondern galt ihm im Sinne der Barmer Theologischen Erklärung als ein Zeugnis des Glaubens:[15] „Nur der Glaubende ist gehorsam, und nur der Gehorsame glaubt“ (4,52)

Vor den Kirchen steht heute, wieder verbunden mit eigenem Versagen und eigener Schuld[16], ansonsten durch demographische Prozesse und einen tiefgreifenden Kulturwandel bedingt, ein schwieriger Umformungsprozess, bei dem es in Bezug auf organisatorische Fragen kaum ein klares richtig und falsch gibt.

Einige begrüßen und betreiben Entwicklungen, die das Ende der Staat-Kirche-Partnerschaft anzuzeigen scheinen oder anzeigen sollen. Andere fürchten eine substanzlose Entkirchlichung und Marginalisierung der christlichen Tradition. Sich jeweils auf Bonhoeffer zu berufen, ist nur legitim, wenn man die historischen Kontexte einbezieht und die

Differenzpunkte benennt, die zwischen der eigenen Position und der Bonhoeffers liegen.

Die bis heute kaum ernsthaft thematisierte entscheidende Differenz zwischen all denen, die meinen, über Strukturreformen das Wesen der Kirche zum Leuchten bringen zu können, oder über Strukturerhaltung die Arbeit der Kirche in der Gesellschaft zu erhalten, ist Bonhoeffers Insistieren auf dem unbedingten Vorrang der persönlichen „Nachfolge" der Einzelnen und des Vorbildes einer Kirche, die Jesus nachfolgt.

In dieser gelebten Beziehung schlägt das Herz von Bonhoeffers Theologie. Gerade in seinem Eintreten für Strukturreformen der Bekennenden Kirche und für eine organisatorische Umgestaltung der Kirche nach dem Krieg ist das in der Christusbeziehung begründete Wechselspiel von „Glaube" und „Gehorsam", „Existenz" und „Erkenntnis" für Bonhoeffer das Wesen einer dem Evangelium angemessenen Kirchengestalt. Abseits davon wäre ihm jede Strukturdebatte als unwesentlich erschienen. Dem Zweck widersprechende Strukturen müssen verändert werden; aber an den Strukturen an sich hängt das Wesentliche nicht.

„Wem gehört Bonhoeffer?"

„Wem gehört Bonhoeffer? Wie rechte Kreise den Theologen und Widerstandskämpfer vereinnahmen", titelte „Zeitzeichen" im Dezember 2019.[17]

Vor allem in den rechts-evangelikalen Kreisen in den USA wird Bonhoeffer als ein Heiliger und Widerstandskämpfer gegen die „Dummheit" des sogenannten Establishments, gegen die „Linken" und für Kampagnen gegen Abtreibung und Homosexualität, für den individuellen Waffenbesitz, gar für „America first" in Anspruch genommen. Gerüchteweise hat sich Vize-Präsident Pence angesagt, am 9. April 2020 das KZ Flossenbürg zu besuchen.

Umgekehrt gibt es den „linken" Missbrauch Bonhoeffers, wobei Bonhoeffer wahlweise zum prinzipiellen Pazifisten, zum Gegner der NATO, zum Freund Putins oder zum tendenziell antisemitischen Kritiker Israels mutiert.

Gegen geistigen Missbrauch eines „Heiligen" hilft nur genaue Arbeit an seinen Texten, das Gespräch darüber, ob und was er damals gesagt hat und uns heute möglicherweise zu sagen hat. Dafür müssen wir die geschichtlichen Umstände ebenso bedenken wie wir sein Leben und seiner Person uns nähern sollten: Wer war dieser Mensch?

Bonhoeffer im Gespräch mit Hans Asmussen auf einer Freizeit des Predigerseminars in Stecklenberg / Harz 1937.

„Ich liebe Bonhoeffer!“

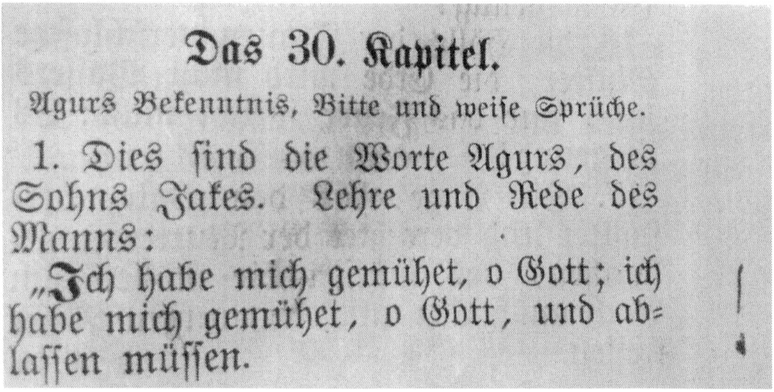
Das 30. Kapitel.

Agurs Bekenntnis, Bitte und weise Sprüche.

1. Dies sind die Worte Agurs, des Sohns Jakes. Lehre und Rede des Manns:
„Ich habe mich gemühet, o Gott; ich habe mich gemühet, o Gott, und ab-lassen müssen.

Markierung in Bonhoeffers Bibel zu Sprüche 30,1. Derartige persönliche Markierungen gibt es einige in Bonhoeffers Bibel. Foto: B. V.

Ihn zu verstehen

„Ich liebe Bonhoeffer!“ Meine 17-jährige Schülerin kommentierte spontan und von Herzen.

Bonhoeffers Texte können überraschende Wirkung entfalten. Durch den Text hindurch kommt ein in der Vergangenheit versunkener Mensch heute zur Sprache. Er kann einem begegnen. Socherart ist nicht exzeptionell, aber doch in besonderer Weise das Geheimnis der immer noch fortdauernden Wirkung Dietrich Bonhoeffers bis in das 21. Jahrhundert.

Das Phänomen des Verstehens versucht die Hermeneutik, die Lehre vom Verstehen, vom Übermitteln und vom Dolmetschen insbesondere von Texten, näher zu entschlüsseln.

Der geflügelte Götterbote Hermes überbrachte Botschaften zwischen Himmel und Erdenwelt. Mit Bonhoeffer treffen wir auf einen Menschen, der an ein solches Gespräch zwischen Himmel und Erde „glaubte“. Das zu wissen, ist nicht unerheblich, um seine Texte zu verstehen.

„Nun aber erkenne ich, wie ich erkannt bin.“

„Ich liebe Bonhoeffer!“ Das ist Verstehen durch Verstanden-worden-sein. Manchen Lesenden ist, als verstünden die Texte sie.

Dieser Zusammenhang von Erkannt-Werden und Erkennen findet sich in der Bibel. Paulus schreibt 1. Korinther 13,12: „Nun aber erkenne ich, wie ich erkannt bin.“

Dietrich Bonhoeffer begab sich lesend und fragend in die Welt der biblischen Texte. Er erwartete von dort, als der Mensch, der er war, erkannt zu werden und Weisung zu bekommen für sein Leben. Für Bonhoeffer hieß von Gott „erkannt“ zu sein: unendlich geliebt[18] und ernstgenommen zu sein als der Mensch, der er war.

Bonhoeffer hatte keine Angst, Psalm 139 im Sinne der jüdischen Lesart auszulegen: „Von allen Seiten umgibst du mich und kennst mich“, bedeutet für Juden nicht zuerst, „wunderbar geborgen“ zu sein, sondern eben auch, sich vor Gott nicht verbergen zu können und auch nicht zu wollen („wo soll ich hinfliehen vor deinem Angesicht?“, Psalm 139,7 zit. nach Luther 1911). Bonhoeffer hatte keine Angst vor dem „Gebot“ Gottes. Er suchte es zu hören und zu tun. Luthers Angst vor der Hölle war ihm fremd.

Um Bonhoeffer in seinen spannungsvollen und oft mehrere Aspekte umfassenden Texten zu verstehen, ist es nötig, seine Fragen, vielleicht gar seine Lebensfrage, annähernd genau zu kennen und auch nachvollziehen und für sich selbst neu stellen zu können. So beginnt das geistige „Gespräch“ mit der Person in ihren Texten.

Bonhoeffer ging von einem uns heute kaum noch vertrauten „Wir“ aus. Das „Wir“ der Familie“, das „Wir“ der Kirche als der Gemeinschaft der Heiligen, das „Wir“ der Entschiedenen im Kirchenkampf, das „Wir“ der Gefährten im Widerstand, später das „Wir“ derer, die sich die Frage neu stellten, was die denn „wirklich“ „glaubten“. So lässt sich Bonhoeffers theologische Kernfrage reformulieren:

Wie kann die „Wirklichkeit“, in die „wir“ gestellt sind, ganz erfüllt sein oder erfüllt werden von dem, was „wir“ Christen und Christinnen „Gott“ oder „Reich Gottes“ nennen?

Auf dieser Spur ginge es durch sein ganzes theologisches Lebenswerk hindurch:

- um die erfahrene Wirklichkeit
- darin um Gott und Reich Gottes
- dies beides nicht als Erfahrung eines einsamen Individuums, sondern in einer tragenden Gemeinschaft von Menschen, in der Begegnung der Verschiedenen.

Als die Schülerin Bonhoeffer „liebte“, wird sie etwas von Bonhoeffers theologischer Kernfrage berührt haben. Sie hatte ihn verstanden. Die im Lehrplan festgelegte Fragestellung hatte dagegen nüchtern gelautet: „Was ist in deiner Umgebung ‚Religion‘?“ Die Schülerin las einen vom Lehrer ausgegebenen Text, den sie sofort verstand. Er lautete:

„Einige Glaubenssätze über das Walten Gottes in der Geschichte [Überschrift] Ich glaube, daß Gott aus allem, auch aus dem Bösesten, Gutes entstehen lassen kann und will. Dafür braucht er Menschen, die sich alle Dinge zum Besten dienen lassen. Ich glaube, daß Gott uns in jeder Notlage soviel Widerstandskraft geben will, wie wir brauchen. Aber er gibt sie nicht im voraus, damit wir uns nicht auf uns selbst, sondern allein auf ihn verlassen. In solchem Glauben müßte alle Angst vor der Zukunft überwunden sein. Ich glaube, daß auch unsere Fehler und Irrtümer nicht vergeblich sind, und daß es Gott nicht schwerer ist, mit ihnen fertig zu werden, als mit unseren vermeintlichen Guttaten. Ich glaube, daß Gott kein zeitloses Fatum ist, sondern daß er auf aufrichtige Gebete und verantwortliche Taten wartet und antwortet.“ (Einige Glaubenssätze über das Walten Gottes in der Geschichte, 8,30f.).

Diese Worte waren – bildlich gesprochen – eine Brücke, auf der die Leserin zum Verfasser gehen konnte und dieser zu ihr herüber gleichsam „sprach“. Es begegnen einander Personen, nur in Raum und Zeit voneinander getrennt.[19]

In jeder Bemühung um Verstehen ist die Unverfügbarkeit des Gegenstandes und der Person, des Autors bzw. der Autorin eines Textes zu berücksichtigen. Je mehr zeitlicher Abstand uns Heutige von Bonhoeffers Welt trennt, desto wichtiger wird die möglichst genaue Erzählung seines Lebens in seiner Zeit für das Verstehen seiner Texte. Wie sollte man sonst tatsächlich die Frage nachvollziehen können, die in den Texten zur Sprache kommt, und nicht bloß seinen eigenen Projektionen auf den Leim gehen?

Beim Verstehen von Bonhoeffer geht es (1.) um den Charakter seines Lebenswerkes, um seine Person und ihre „Botschaft“, die es zu verstehen gilt, (2.) um die kritische Beachtung der Bonhoeffer-Erzählung, die bald nach seinem gewaltsamen Tod einsetzte und ohne die sein Lebenswerk wohl nicht seinen Bekanntheitsgrad erhalten hätte.

Der Märtyrer, der Gefangene, der „von guten Mächten" Geborgene gehört zum kulturellen Gedächtnis. Wir müssen uns dazu kritisch verhalten. Wer ist Bonhoeffer „für uns" oder eben je für mich? Was bedeutet uns oder auch mir sein „Lebenswerk"?

Goethes Biografie ist interessant, aber den „Erlkönig" versteht man auch ohne sie. Bei Bonhoeffer liegen die Dinge vielschichtiger; denn seine Person gehört in einem außerordentlichen Maß zu seinem Werk.

Lebenswerk

Er dachte beziehungsreich und veränderlich. Veränderte Situationen und Lebensumstände verlangten nach erneuter Reflexion. Einmal Gedachtes für alle Zeiten zu fixieren, hielt er für dem Leben und der Wirklichkeit gegenüber unangemessen und Gott gegenüber ungehorsam. Er glaubte den lebendigen Gott als den Schöpfer, den Versöhner und Gesprächspartner lebendiger Menschen in ihrer geschichtlichen Entwicklung.

Ein theologisches System im Sinne einmal gefundener Koordinaten und Begriffe wollte und konnte er nicht entwerfen. Selbst seinen akademischen Arbeiten eignet etwas Experimentelles, gelegentlich Essayistisches. Er erfand neue Begriffe, Kurzformeln („Jesus, der Mensch für andere") und Aphorismen („Kirche ist nur Kirche, wenn sie für andere da ist"; „Im Gespräch kann immer etwas Neues geschehen."), Wortverdichtungen, die oft mehrere Gedanken gleichzeitig auf einen springenden Punkt bringen, von wo aus weitergedacht werden muss. In seinen späten Gedichten verknüpft er eigene Erfahrungen mit biblischen Figuren wie Jona (8,606) oder Mose (8,590).

Bonhoeffers Denken ist nicht wegen des gewaltsamen Abbruchs seines Lebens, sondern prinzipiell fragmentarisch und kreativ. Das Unfertige und der immer neue Anfang gehören zu seiner Person und zu seiner Theologie. Darum reizt sein Lebenswerk zu einem Gespräch, das nicht in „pro" und „kontra" auseinanderfällt, sondern verschiedene Aspekte derselben Sache offenlegt.

Bonhoeffer war mitsamt seiner Konzentration auf den Menschen Jesus ein im Augenblick und in der Begegnung „konkret Denkender".[20] Das, was er dachte, sollte von Anfang an die Reflexion der „Wirklichkeit“ sein. Anderes wäre ihm phrasenhaft, er sagte: „phraseologisch“ vorgekommen (8,397).

In Bonhoeffers Lebenswerk sind Person, Leben, Handeln, Glaube und theologisches Denken zu unterscheiden, aber nicht zu trennen. Christlicher Glaube gründete bei ihm in seiner „Existenz“ (4,38[21]) und zielte auf das „Wirklichwerden“ des Reiches Gottes in der Weltwirklichkeit (6,34). Es fasziniert diese persönliche und letztlich schutzlose „Einfalt“ (6,67ff., 321ff.), mit der Bonhoeffer auf das „Ganze“ ging.

„Denken“ und „Charakterbildung“

Verräterisch auf den Nutzwert von Erkenntnis gezielt lautet die Frage vieler Menschen heute: „Was habe ich davon?“, „Was bringt mir das?“ Menschen möchten schnelle Lösungen für ihr „Problem“. Das ganze Leben kann zu einem einzigen, alles bestimmenden Problem werden, das gelöst werden müsste, aber oft nicht gelöst werden kann und darum das Leben einlinig macht, eindimensional. Hilft da Denken?

„Welch eine Befreiung ist es, *denken* zu können und in Gedanken die Mehrdimensionalität [des Lebens, B. V.] aufrechtzuerhalten.“ (8,453)

Mit Dietrich Bonhoeffer können Menschen vielleicht „glauben“, aber mindestens denken lernen. Das wäre viel. Das Denken-Lernen geht mit Bonhoeffer gut, weil er ehrlich war, schonungslos redlich. Viele seiner Gedanken sind anregend; aber er hätte aus ihnen kein Lehrbuch machen können. Vieles blieb notwendig „Fragment“.

Das Experimentelle und Unfertige hatte bei ihm den Horizont umfassender bürgerlicher Bildung. Ein „Ganzes“ schien zu seiner Zeit noch denkbar; doch ahnte auch er schon, dass der Bildungshorizont der Welt seiner Eltern, der Versuch im 19. Jahrhundert, noch einmal das Große und Ganze auf den Begriff und in die eigene bürgerliche Existenz zu bringen, nicht mehr gelten würde in der Zeit nach 1945.

Im selbstkritischen Rückblick auf die jahrelangen Diskussionen in der erweiterten Familie um die Notwendigkeit und das Risiko eines aktiven Komplotts gegen Hitler, schreibt er im Mai 1944:

„Wir haben zu stark in Gedanken gelebt und gemeint, es sei möglich, jede Tat vorher durch das Bedenken aller Möglichkeiten so zu sichern, daß sie dann ganz von selbst geschieht. Erst zu spät haben wir gelernt, daß nicht der Gedanke, sondern die Verantwortungsbereitschaft der Ursprung der Tat sei. Denken und Handeln wird für Euch [gemeint ist die Generation seines von ihm fiktiv angesprochenen Patenkindes Dietrich Rüdiger Bethge, geb. 1944] in ein neues Verhältnis treten. Ihr werdet nur denken, was ihr handelnd zu verantworten habt. Bei uns war das Denken vielfach der Luxus des Zuschauers, bei euch wird es ganz im Dienste des Tuns stehen“ (8,433).

Bonhoeffer hat diese zuspitzende, ja, auch apodiktische Redeweise („ihr werdet *nur* denken ...“) öfter gewagt, aber fast genauso oft mit gegenteilig klingenden Betrachtungen konterkariert. Die letzten ihm verbliebenen Bücher, die er aus den Händen geben musste, waren Plutarchs Erzählungen von großen Griechen und Römern, ein Buch, das ihm sein älterer Bruder Karl-Friedrich verschafft hatte, und ein Buch über Goethe. Purer Luxus im Angesicht des Todes.

Zum befreienden Denken gehörte für Bonhoeffer „Charakterbildung“ (6,352). Es sei allen Menschen zu ermöglichen, sich dem Leben in all seinen Facetten zu öffnen. Nur aufgrund echter und reflektierter Erfahrungen könnten Menschen ihr Leben verantworten. So praktizierte er es selbst mit seinen Konfirmanden, Jugendlichen, Studierenden und Pfarramtskandidaten.

„Maß, Echtheit, Vertrauen, Treue, Stetigkeit, Geduld, Zucht, Demut, Bescheidenheit, Genügsamkeit“ (vgl. 8,560) nannte Bonhoeffer im August 1944 im „Entwurf einer Arbeit“ (s. u.) als Charaktereigenschaften, in heutiger Sprachregelung: als „Werte“, die den „Wurzeln allen Übels“ im kirchlichen und gesellschaftlichen Leben entgegenzuhalten seien. Das waren Charaktereigenschaften und Tugenden, die er von Kindheit an gelernt hatte. Bonhoeffer glaubte zugleich, dass allein „Christus“, d. h. weder ein selbst ernannter „Führer“, noch Eltern oder Lehrer und Lehrerinnen, noch auch man selbst, den neuen Menschen „schafft“ (8,535).

Für ihn war es kein Widerspruch, einerseits zu sagen: Jeder Mensch ist für seine eigene „Bildung“ selbst verantwortlich, andererseits zu betonen, dass dadurch hindurch Christus „in uns“ den Menschen „schafft“.

„Wer bin ich?“ und „Ein Mensch wie Jesus“

„Wer bin ich?
Wer bin ich? Sie sagen mir oft,
ich träte aus meiner Zelle
gelassen und heiter und fest,
wie ein Gutsherr aus seinem Schloss.
Wer bin ich? Sie sagen mir oft,
ich spräche mit meinen Bewachern
frei und freundlich und klar,
als hätte ich zu gebieten.
Wer bin ich? Sie sagen mir auch,
ich trüge die Tage des Unglücks
gleichmütig, lächelnd und stolz,
wie einer, der Siegen gewohnt ist.
Bin ich das wirklich, was andere von mir sagen?
Oder bin ich nur das, was ich selbst von mir weiß?
Unruhig, sehnsüchtig, krank, wie ein Vogel im Käfig,
ringend nach Lebensatem, als würgte mir einer die Kehle,
hungernd nach Farben, nach Blumen, nach Vogelstimmen,
dürstend nach guten Worten, nach menschlicher Nähe,
zitternd vor Zorn über Willkür und kleinlichste Kränkung,
umgetrieben vom Warten auf große Dinge,
ohnmächtig bangend um Freunde in endloser Ferne,
müde und zu leer zum Beten, zum Denken, zum Schaffen,
matt und bereit, von allem Abschied zu nehmen?
Wer bin ich? Der oder jener?
Bin ich denn heute dieser und morgen ein anderer?
Bin ich beides zugleich? Vor Menschen ein Heuchler
und vor mir selbst ein verächtlich wehleidiger Schwächling?
Oder gleicht, was in mir noch ist, dem geschlagenen Heer,
das in Unordnung weicht vor schon gewonnenem Sieg?
Wer bin ich? Einsames Fragen treibt mit mir Spott.
Wer ich auch bin, Du kennst mich, Dein bin ich, o Gott!“
(8,513f.)[22]

Dietrich Bonhoeffer blieb seine eigene „Identität" verborgen in der Beziehung zum Menschen Jesus bzw. zu Jesus Christus – der Sprachgebrauch schwankte am Schluss. Das machte ihn frei davon, aus sich irgendetwas zu „machen". Die Frage nach der eigenen Identität wächst heute aus zur Aufgabe, das eigene Leben und die eigene Person zu entwerfen, zu gestalten, zu verkaufen und dabei ständig zu bewerten und bewerten zu lassen. In den sozialen Medien inszenieren sich (nicht nur) junge Leute als „Influencer/innen", nicht selten mit handfesten ökonomischen Interessen verbunden. Täuscht der Eindruck; oder gibt es hier und da schon den persönlichen Versuch, sich diesem permanenten und unbarmherzigen Markt der konkurrierenden Individuen zu entziehen nicht einfach durch Abstinenz, sondern auch in der Hinwendung zu angeblich so altmodischen Mustern der Weltauffassung, wie sie früher einmal verbunden waren mit den großen Fragen nach „Wahrheit", nach dem „Menschen", ja: nach „Sinn" und nach „Rechtfertigung"?

Die Bonhoeffer-Erzählung – vom Umgang mit einem „Heiligen"

Die Bonhoeffer-Erzählung setzte bald nach seiner Ermordung ein. Der ermordete Mensch wurde wieder aufgefunden im Pantheon der „Heiligen".

Im englischen Sprachraum wird die Bonhoeffer-Erzählung oft als die „Bonhoeffer legacy" tradiert. Die Erzählung ist damit zugleich als das „Erbe" verstanden, als seine „Hinterlassenschaft". D. h. für viele englischsprachige Interpreten und Interpretinnen fast automatisch, dass es bei Bonhoeffer vor allem auf sein moralisch vorbildliches Erbe ankomme.[23]

Lesen wir Bonhoeffer vor allem moralisch, auf sein „Vorbild" bezogen, funktioniert sein Lebenswerk einerseits als Kompensation für eigene Schuldgefühle, andererseits als moralische Überforderung, in der Sprache der Theologie: Bonhoeffers Werk wirkt dann „gesetzlich".

So wird es dann auch der Umgang mit seinen Texten. Im akademischen Kontext wird die Kritik an seinen Texten oft sehr kleinteilig. Man hat die Texte vor sich und seziert sie wie mit einem Skalpell, ordnet sie neu, versucht, das Ganze auf den (eigenen) systematischen Nenner zu bringen.

Der Held oder Heilige und die zur Sektion bereit liegenden Texte ... auf beiderlei Weise verlieren wir den wirklichen Menschen und den Charakter seiner Theologie aus dem Blick. Wie aber begann die Bonhoeffer-Erzählung? Wie kam sein Erbe zu uns?

Gedenken

Am 27. Juli 1945 übertrug British Broadcasting Services (BBC) aus der Holy Trinity Church in London einen öffentlichen Gedenkgottesdienst für Dietrich Bonhoeffer. Bonhoeffers väterlicher Weggefährte in der ökumenischen Bewegung der Kirchen und sein Gesprächspartner in konspirativen Treffen, Bischof George Bell, predigte:

„Sein Tod ist ein Tod für Deutschland – ja in der Tat auch für Europa. Er opferte seine menschlichen Aussichten, Heim, Freunde und berufliche Zukunft, weil er an Gottes Ruf für dieses Land glaubte. Er weigerte sich, jenen falschen Führern zu folgen, die Diener des Teufels waren. Er wurde begeistert durch seinen Glauben an den lebendigen Gott und die Hingabe an Wahrheit und Ehre. So ist sein Tod, wie sein Leben, von tiefstem Wert im Zeugnis der Bekennenden Kirche. In der edlen Gemeinschaft der Märtyrer verschiedener Tradition verkörpert er beides: den Widerstand der gläubigen Seele gegen den Angriff des Bösen im Namen Gottes, und ebenso die moralische und politische Erhebung des menschlichen Gewissens gegen Ungerechtigkeit und Grausamkeit. Er und seine Freunde stehen auf dem Grund der Apostel und Propheten. Und es war die Leidenschaft für Gerechtigkeit, die ihn und so viele andere in der Bekennenden Kirche, die mit ihm übereinstimmten, in so enge Gemeinschaft mit anderen Männern des Widerstandes brachte. Obgleich sie außerhalb der Kirche standen, teilten sie dieselben menschlichen und freiheitlichen Ansichten. Unser Herr spricht: ‚Es sei denn, daß ein Weizenkorn in die Erde falle und ersterbe, so bleibt's allein, wo es aber stirbt, so bringt es viele Früchte. Wer sein Leben lieb hat, der wird's verlieren; und wer sein Leben auf dieser Welt haßt, der wird's erhalten zum ewigen Leben.' Für unser irdisches Auge ist Dietrich tot. So tief und unergründlich unser Schmerz erscheint, laßt uns einander mit diesen Worten trösten. Für ihn und für Klaus und für die unzählige Schar ihrer Mitopfer durch diese schrecklichen Kriegsjahre hindurch gibt es die Auferstehung vom Tod; für Deutschland Erlösung und Auferstehung, wenn es Gott gefällt, die Nation durch Männer seines Geistes zu führen, heilig, demütig und tapfer wie er; für die Kirche, nicht nur in dem Deutschland, das er liebte, sondern auch für die universale Kirche, die für ihn größer war als alle Nationen, gibt es die Hoffnung auf ein neues Leben. ‚Das Blut der Märtyrer ist der Same der Kirche.'" (Gedenkheft[24],12. Übersetzung Eberhard Bethge, Korrektur B. V.).

Die letzten Worte

Bonhoeffer meinte, den erzwungenen Tod, den Tod als Feind, zum „eigenen" Tod" machen und sich so mit dem Tod anfreunden zu können. Weil Christen ihren Tod täglich „in Jesus Christus" sterben, sei der Tod für Christen letztendlich „Gnade und Vollendung des Lebens (vgl. 15,271f.; vgl. auch ebd., 333f. und 571f.).

Sigismund Payne Best (1885–1978)

Kurz nach Beendigung der auf Wunsch der Mithäftlinge von ihm gehaltenen Andacht am Morgen des 8. April 1945 holt eine Kommandoeinheit ihn heraus. Die Hoffnung auf eine wunderbare Rettung verflog im Nu. Dietrich Bonhoeffer gibt seinem Mithäftling, dem britischen Geheimdienstoffizier Sigismund Payne Best eine Nachricht mit auf den Weg, adressiert an den Bischof von Chichester George Bell.

„Will you give this message from me to the Bishop of Chichester, tell him that this is for me the end, but also the beginning - with him I believe in the principle of our Universal Christian brotherhood which raises above all national hatreds and that our victory is certain - tell him too, that I have never forgotten his words at our last meeting."

„Geben Sie diese Botschaft von mir an den Bischof von Chichester: Sagen Sie ihm, dass dies für mich das Ende ist, aber auch der Anfang - mit ihm glaube ich an die Prinzipien unserer universalen christlichen Gemeinschaft, die sich über allen nationalen Hass erhebt, und dass unser Sieg gewiss ist. - Sagen Sie ihm auch, dass ich niemals seine Worte vergessen habe, die er bei unserem letzten Treffen sagte." (Übersetzung: B. V., originale Fassung in 16,468).

Diese Botschaft ist in einem wahrscheinlich bewussten Sinne mehrdeutig. Wir dürfen vermuten, dass sich Bonhoeffer „letzte Worte" zurechtgelegt hatte, zumal Payne später berichtete, Bonhoeffer habe ihm diese „message" übermittelt: „twice in the same words" (16,468)!

George Kennedy Allen Bell (1883–1956)

„Tell him that this is for me the end, but also the beginning" ist Jahrzehnte lang, Eberhard Bethge folgend, übersetzt worden mit: „Das ist das Ende – für mich der Beginn des Lebens" (Bethge,1037).

In Bethges populär gewordener Fassung läuft es darauf hinaus, dass der zweite Teil des Satzes den ersten Teil auslegt.

Der Sinn des Satzes wäre demnach: Dies ist das Ende meines Lebens auf der Erde und damit der Beginn des ewigen Lebens bei Gott.

Wahrscheinlicher aber ist: Dies ist das Ende meines Lebens, aber zugleich „auch" (beachte das englische „also"!) „der Anfang", nämlich ein Fanal des kommenden Sieges über Krieg und Unmenschlichkeit auf Gottes Erde.

Bonhoeffer sprach in komprimiertester Form das Irdische und das Himmlische zugleich an, in seiner Diktion: das „Vorletzte" und das „Letzte", den Glauben und das Leben, das eigene Lebensende und den Fortgang des Lebens, diesseitig und jenseitig. Den diesseitigen Fortgang des Lebens sah er ausdrücklich in der weltweiten Kirche, in der gelebten Gemeinschaft der Völker und – nicht namentlich erwähnt, aber über den Bischof als den Überbringer der Nachricht verknüpft – in der Gemeinschaft von Familie und Freunden in einer irdischen Zukunft ohne ihn. Er wird gehofft und gewusst haben, dass sie alle einander beistehen würden und insbesondere seiner jungen Braut, der trauernden Maria.

Bonhoeffer verknüpfte alle diese Menschen miteinander, mit ihrer Trauer und ihren Hoffnungen sowie mit der Notwendigkeit, das Leben nun – nach dem Ende des Krieges und mit der Trauer um die Toten – noch einmal neu leben zu müssen und zu können:

„Und reichst Du uns den schweren Kelch, den bittern, des Leids, gefüllt bis an den höchsten Rand, so nehmen wir ihn dankbar ohne Zittern aus Deiner guten und geliebten Hand.“ (8,608)

Auch mit seinen letzten Worten an Bischof Bell resignierte Bonhoeffer keineswegs in Gottes Ewigkeit hinein. Er eröffnete vielmehr ein weiteres Mal den Horizont für Gott in der offensichtlichen „Tatsache“ seines gewaltsamen Todes, für den Gott in Jesus, dem Menschgewordenen, Gekreuzigten und Auferstandenen.

„Mag in dem, was den Tatsachen vorausgeht, noch so viel menschliches Versagen, Sichverrechnen, Schuld liegen, in den Tatsachen selbst ist Gott.“ (8,288).

Maria von Wedemeyer

Zwischen Himmel und Erde

Das Ende – „auch der Anfang"

In den frühen Morgenstunden des 9. April 1945 wurde Dietrich Bonhoeffer ermordet. Sein Leichnam wurde verbrannt, die Asche zerstreut. Am selben Tag wurde sein Schwager Hans von Dohnanyi im Konzentrationslager Sachsenhausen hingerichtet. Zwei Wochen später, am 23.4. wurden sein Bruder Klaus und sein Schwager Rüdiger Schleicher angesichts der in Berlin einrückenden sowjetischen Truppen von SS-Männern hastig aus ihrem Gefängnis geführt und hinterrücks erschossen.[25]

Hitler triumphierte über die, die sich gegen ihn gestellt hatten. Wenige Tage danach stahl er sich durch Suizid aus der Verantwortung. Die überlebenden Täter tauchten nach dem Krieg in ein bürgerliches Leben. Nur wenige wurden überhaupt oder juristisch angemessen zur Rechenschaft gezogen.[26]

Überlebt hat das „Zeugnis eines Boten".[27] Seinem Patenkind schrieb der „Bote" im Mai 1944:

„Dein Urgroßvater wird dir noch aus persönlicher Begegnung von Menschen erzählen können, die im 18. Jahrhundert geboren sind, und Du wirst einst weit nach dem Jahre 2000 Deinen Nachkommen die lebendige Brücke mündlicher Überlieferung von mehr als 250 Jahre sein – dies alles sub conditione Jacobea, d. h. ‚so Gott will und wir leben'". (8,428)

„Dann wirft man sich Gott ganz in die Arme" (21. Juli 1944)

In der Nacht vom 20. auf den 21. Juli 1944 erfuhr er durch ihm vertraute Gefängniswächter vom Scheitern des Umsturzversuches. So schrieb er an seinen Freund Eberhard Bethge in einem sehr persönlichen Brief eine Art theologisches Testament:

„Ich habe in den letzten Jahren mehr und mehr die tiefe Diesseitigkeit des Christentums kennen und verstehen gelernt; nicht ein homo religiosus, sondern ein Mensch schlechthin ist der Christ, wie Jesus – im Unterschied wohl zu Johannes dem Täufer – Mensch war. [...] Wenn man völlig darauf verzichtet hat, aus sich selbst etwas zu machen – sei es einen

Heiligen oder einen bekehrten Sünder oder einen Kirchenmann (eine sogenannte priesterliche Gestalt!), einen Gerechten oder einen Ungerechten, einen Kranken oder einen Gesunden – und dies nenne ich Diesseitigkeit, nämlich in der Fülle der Aufgaben, Fragen, Erfolge und Mißerfolge, Erfahrungen und Ratlosigkeiten leben, – dann wirft man sich Gott ganz in die Arme, dann nimmt man nicht mehr die eigenen Leiden, sondern das Leiden Gottes in der Welt ernst, dann wacht man mit Christus in Gethsemane, und ich denke, das ist Glaube, das ist metánoia; und so wird man ein Mensch, ein Christ. (Vgl. Jerem 45!)." (8,541f.)

Um Menschwerdung ging es. Der Mensch Jesus blieb dabei bis zuletzt die zentrale Bezugsperson, zunächst ganz persönlich. Dieser eine Mensch war das alle theologischen Gedanken Bonhoeffers einende Ur- und Vor-Bild (Bonhoeffer: „Vorbild", 8,560f.) von Humanität.

Kann man Bonhoeffer nicht ohne diese „christologische" Konzentration verstehen? Mit Verlaub, nein.

„Das gehetzte Wild"

Ebenso wenig verstehen wir ihn ohne seine Bezüge zu anderen biblischen Gestalten. Er lebte sozusagen mit Jesus, aber auch mit Jona, Mose, dem König David und vor allem mit dem Propheten Jeremia. Bonhoeffer liebte diesen Propheten, der sich im Auftrag des Gottes aufgerieben hatte, der über ihn gekommen war als eine ihn in Besitz nehmende Macht.

Am 21.1.1934 predigt Bonhoeffer in seiner Gemeinde in London Sydenham (1933–1935) über Jeremia 20,7a:

„Herr, du hast mich überredet und ich habe mich überreden lassen; du bist mir zu stark gewesen und hast gewonnen" (zitiert nach Bonhoeffers Luther-Bibel 1911).

In seinen Worten klingt die seelische Nähe zu diesem Menschen einer längst vergangenen Zeit an, als flössen die Zeiten und geschichtlichen Räume in eins, als redete Bonhoeffer von sich selbst prophetisch, von seinem eigenen Schicksal wenige Jahre später, als ihm seine eigene Flucht nicht erlaubt, weil nicht von Gott geboten schien:

„Jeremias hat sich nicht dazu gedrängt, Prophet Gottes zu werden. Er ist zurückgeschaudert, als ihn plötzlich der Ruf traf, er hat sich gewehrt, er wollte ausweichen [...] aber auf der Flucht packt er [Gott] ihn, ergreift ihn das Wort, der Ruf; er kann sich nicht mehr entziehen, oder, wie es einmal heißt, der Pfeil des allmächtigen Gottes hat das gehetzte Wild erlegt [Hinweis der Herausgeber auf Jeremias' Klagelieder 3,12f.]. Jeremias ist sein Prophet. Von außen her kommt es über den Menschen, nicht aus der Sehnsucht seines Herzens, nicht aus seinen verborgensten Wünschen und Hoffnungen steigt es herauf; kommt nicht aus den Tiefen unserer Seele, sondern es ist das fremde, unbekannte, unerwartete, gewalttätige, überwältigende Wort des Herrn, der in seinen Dienst ruft, wen und wann er will." (13,347)

Das war auch für damalige Hörgewohnheiten kein übliches Kanzel-Deutsch. Die Wucht der Worte verstörte. Wer ist dieser Gott, der seinen Propheten jagt wie ein Wild, der den zu jungen Menschen ruft, packt und greift und auf einen Weg zwingt, auf dem am Ende nur Verstoßung oder Tod warten?

„Theaterleistung"?

Die wiederholte Betonung, es habe der „Ruf" des Herrn überhaupt gar nichts zu schaffen mit den menschlichen „verborgensten Wünschen und Hoffnungen", sondern er würde den, den es ruft, gewalttätig überwältigen wie das „gehetzte Wild", macht tiefenpsychologisch informierte Lesende nachdenklich. Sollte Bonhoeffer unbewusst den von ihm selbst zu Zeiten gehegten Zweifel abwehren, den Verdacht gegen sich selbst, er sei eitel und allzu ehrgeizig und sein Glaube vielleicht nicht echt, sondern nur gespielt?

Im Gefängnis ist er seines aktiven Lebens beraubt. Er ist schutzlos dem Leben ausgeliefert, stellt sich seinen seelischen Erfahrungen. Doch schützt er sich auch insofern, als er einen „Überdruß an der Psychologie" diagnostiziert (8,235). Die Botschaft dahinter lautet: Ich muss fort von der Selbstbetrachtung und meinen Blick auf Christus richten. Sonst bin ich seelisch in Gefahr!

Die Befreiung aus einer heillosen Selbstreflexion sah Bonhoeffer nicht in Seelenanalyse, sondern in seiner Zugehörigkeit zu Gott: „Wer ich auch bin, Du kennst mich, Dein bin ich, o Gott!" (8,514)

Am 15.12.1943 schreibt er an Bethge:

„An die physischen Entbehrungen gewöhnt man sich [...] an die psychischen Belastungen gewöhnt man sich nicht, im Gegenteil: ich habe das Gefühl, ich werde durch das, was ich sehe und höre, um Jahre älter und die Welt wird mir oft zum Ekel und zur Last. Vermutlich wunderst Du Dich jetzt, daß ich das so sage und denkst an meine Briefe, ja Du selbst schriebst so nett, ich sei ‚etwas bemüht' gewesen; Euch über meine Lage Zuversicht zu geben. Ich frage mich selbst oft, wer ich eigentlich bin, der, der unter diesen gräßlichen Dingen hier immer wieder sich windet und das heulende Elend kriegt, oder der, der dann mit Peitschenhieben auf sich selbst einschlägt und nach außen hin (und auch vor sich selbst) als der Ruhige, Heitere, Gelassene, Überlegene dasteht und sich dafür (d. h. für diese Theaterleistung, oder ist es keine?) bewundern läßt? Was heißt ‚Haltung' eigentlich? Kurz, man kennt sich weniger denn je über sich selbst aus und legt auch keinen Wert mehr darauf, und der Überdruß an aller Psychologie und die Abneigung gegen die seelische Analyse wird immer gründlicher" (8,235).

Jeremia - 21.Juli 1944

Der Prophet Jeremia lebte, kämpfte und litt in den Jahren vor dem Untergang Jerusalems und des Südreichs Juda im Jahr 586 v. Chr. Am 21. Juli 1944, kurz vor dem Untergang des „3. Reiches" bezieht Bonhoeffer sich bewusst auf Jeremia 45,1–5. Der Text lautet in der von Bonhoeffer verwendeten Fassung der Luther-Bibel 1911:

Dies ist das Wort, so der Prophet Jeremia redete zu Baruch, dem Sohn Nerias, redete, da er diese Reden in sein Buch schrieb aus dem Munde Jeremias im vierten Jahr Jojakims, des Sohnes Josias, des Königs in Juda, und sprach: So spricht der HERR Zebaoth, der Gott Israels, von dir, Baruch: Du sprichst: Weh mir, wie hat mir der HERR Jammer zu meinem Schmerze hinzugefügt! Ich seufze mich müde und finde keine Ruhe. Sage ihm also: So spricht der HERR: Siehe, was ich gebauet habe, das breche ich ab, und was ich gepflanzt habe, das reute ich aus, nämlich dies mein ganzes Land. Und du begehrst für dich große Dinge? Begehre es nicht! Denn siehe, ich will Unglück kommen lassen über alles Fleisch, spricht der HERR, aber deine Seele will ich dir zur Beute geben, an welchen Ort du ziehest.

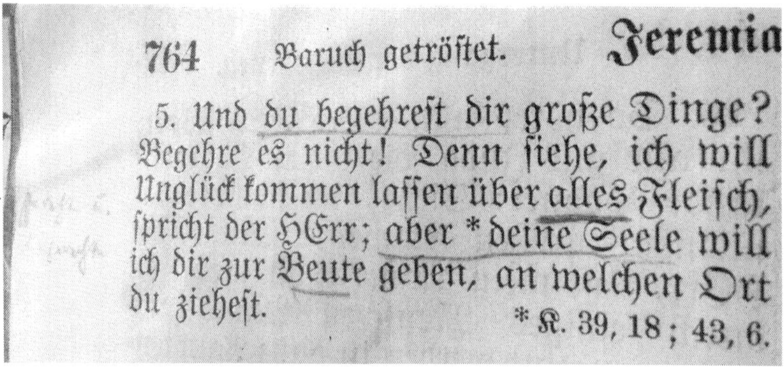
764 Baruch getröstet. Jeremia

5. Und du begehrest dir große Dinge? Begehre es nicht! Denn siehe, ich will Unglück kommen lassen über alles Fleisch, spricht der HErr; aber * deine Seele will ich dir zur Beute geben, an welchen Ort du ziehest.

* K. 39, 18; 43, 6.

Jeremia 45,5, markiert in Bonhoeffers Bibel; am Rand steht zu „alles Fleisch“: „Gerechte u. Ungerechte“. Foto: B. V.

Am 21. Juli 1944 bedeutete der Hinweis auf Jeremia 45,1–5 etwas ganz Bestimmtes:

1. Es kommt jetzt – vergleichbar der Situation Israels im Buch Jeremia – das Gericht Gottes über „dies mein ganzes Land“: Deutschland. Der Widerstand ist gescheitert. Rette sich, wer noch kann. Das „Unglück“ nimmt nun ungehindert seinen Lauf. Dieses Gericht muss zumindest von einigen verantwortlichen Menschen bewusst getragen werden, in voller Anerkenntnis eigener Schuld. Bonhoeffer ist bereit, seinen Teil zu übernehmen und d. h. auch, stellvertretend Buße („repentance“) zu leisten.

Bonhoeffers nun wahrscheinlich gewordener gewaltsamer Tod wird – wie der der Mitverschwörer und vielleicht ihrer Familien – Teil der Buße für eigene Schuld wie auch für die stellvertretend übernommene Schuld Deutschlands, also „für andere“ sein.

George Bell erinnerte Bonhoeffer im Mai 1942:

„‚There must be punishment by God‘, he said. ‚We do not want to escape repentance.‘ ‚The elimination itself‘, he urged, ‚must be understood as an act of repentance or chaos, if God wills to bring it on to us. We must endure this judgement as Christians‘“ (Gedenkheft,8).

„‚Es muss eine Strafe Gottes geben‘, sagte er. ‚Wir möchten nicht der Buße entfliehen.‘ Auch die Eliminierung, darauf bestand er, müsse als ein Akt der Buße oder eines Chaos verstanden werden, wenn es Gottes Wille sei, es auf uns zu legen. Wir müssen dieses Gericht als Christen (er-)tragen.“ (vgl. Gedenkheft,11)[28]

2. Baruch bekommt durch Jeremia die Zusage, Gott werde ihm nicht „große Dinge", aber seine „Seele" als „Beute" geben, „an welchen Ort du ziehest". Dass das hebräische Wort „näfäsch", das Luther mit „Seele" übersetzte", tatsächlich das beseelte, das nackte „Leben" bedeutet und für Baruch faktisch auch bedeutet hat, wusste Bonhoeffer. Baruch wird sein persönliches Leben retten aus dem Chaos des Untergangs des Volkes Israel 586 v. Chr.

Bonhoeffer hat solches für die Seinen und sich selbst erhofft. Auch am 21. Juli 1944 und darüber hinaus bis zum 8. April 1945.

Das Prophetische ist ein wichtiger, aber nur ein Aspekt in Dietrich Bonhoeffers Person und Theologie. Da gibt es daneben, in fast schroffem Gegensatz, den, der das Leben genießt in vollen Zügen, den gebildeten Freigeist, den Ästheten.

Eine Verbindung finden diese beiden Aspekte bei einem der wirkmächtigsten „Zauberworte" aus seinen Briefen, dem „religionslosen" „Christentum".

Wir müssen uns hineinknien in das Geflecht dieser Worte, um zu entdecken, worum es ihm da ging: Einmal mehr um die Weitung des Blickes auf Gott mitten im Leben, einmal mehr um das Gespräch zwischen Himmel und Erde, je weiter, je konkreter.

„Religionsloses" „Christentum"?

Bonhoeffers Briefe sind in den ersten Jahren nach der Veröffentlichung von „Widerstand und Ergebung" (1951) vor allem unter dem Oberbegriff des von Bonhoeffer zu „Religionslosigkeit" parallel gesetzten Begriffes der „mündigen Welt" („mündig gewordenen Welt") diskutiert worden.[29] Mit der „Religionslosigkeit" hatte man von Anfang an Schwierigkeiten.[30] Nach Immanuel Kants Fanfarenstoß hatte Friedrich Schleiermacher das Projekt gewagt, die Aufklärung mit der „Religion" zu versöhnen zur Besserung der Weltentwicklung. Der Preis für den Rückzug der „Religion" auf das „Gefühl" war allerdings die Privatisierung der „Religion" und die Betonung der „Innerlichkeit".

Dietrich Bonhoeffer aber fühlte, dachte und handelte in einem einzigen großen Wirklichkeitsraum von Himmel und Erde. Das ist der eigentlich spirituelle und theologische Hintergrund für Bonhoeffers Verständnis vom „Gespräch". Das „Gespräch", in dem „Neues" „geschehen"

„kann“, findet statt zwischen Himmel und Erde. „Mitten im Leben“ wusste er den „Christus“ am Werk. Und der „Christus“ ist der Mensch Jesus, gerade darum, weil er eben nicht „religiös“ war. Unsere in der spätmodernen Alltagskultur empfundenen Trennungen von „weltlich“ und „religiös“, von „normal“ und „christlich“ bzw. „religiös“[31] hielt Bonhoeffer inhaltlich für den Ausdruck einer Verfälschung des christlichen Glaubens.

Den Prozess der Säkularisierung, wie Bonhoeffer die Entwicklung zu Religionslosigkeit und Mündigkeit vor der Haft in Tegel nannte (vgl. 6,103ff.) und auch negativ bewertend mit „Säkularismus“ gleichsetzen oder in Verbindung bringen konnte (6,263; vgl. aber den Gebrauch von „Säkularismus“ kritisch gegen den „religiösen“ Menschen gewendet in 12,266f.!), hielt er insbesondere in Tegel nicht für ein blindes historisches Verhängnis, sondern für eine vielfältig erklärbare Entwicklung, an der aber das „Christentum“ wohl von seinem historischen Anfang bei Paulus an, in Irrtum und Schuld beteiligt war.

Mit der zunehmenden Religionslosigkeit – so war Bonhoeffers Hoffnung – würden die Christen es nun lernen, mit den „Religionslosen“ unverkrampft in ein neues Gespräch zu kommen und dabei ihre eigene Religionslosigkeit als ein aktuelles Gebot Gottes anzunehmen. Auf diesem Wege würden sie wieder bei Jesus anfangen, dem Menschen schlechthin!

Die jahrzehntealte Diskussion um Bonhoeffers Tegeler Ausführungen zu den Themen „Religion“ (8,403), „Religionslosigkeit“ (ebd., 404f.), „mündig gewordene Welt“ (477), „Mündigkeit der Welt“ (478), „Inanspruchnahme der mündig gewordenen Welt durch Jesus Christus“ (504) krankt daran, dass die Interpreten und Interpretinnen Bonhoeffer in den Rahmen ihrer Begriffe etwa von „Religion“ definieren (und damit begrenzen), statt ihm auf seinen Pfaden zu begegnen.

Bonhoeffer interessierte sich am 30.4.1944, in dem Brief, der den Auftakt zu seinem neuen theologischen Aufbruch markiert (8,401ff.), gar nicht für eine wissenschaftlich exakte Definition seines Begriffes von „Religion“.

Anscheinend hat diese Reserve gegenüber Bonhoeffers neuer Weltsicht Anhalt bei Bonhoeffer selbst. Am 30. April 1944 „wundert“ er sich selbst ein wenig über Gedanken, die sich da Bahn brechen, und projiziert seine eigenen Vorbehalte auf den Briefpartner:

„Dich wundern oder vielleicht sogar Sorgen machen würden Dir höchstens meine theologischen Gedanken mit ihren Konsequenzen, und hierin fehlst Du mir nun wirklich sehr ..." (30.4.1944; 8,402).

„Was mich unablässig bewegt, ist die Frage, was das Christentum oder auch wer Jesus Christus heute für uns eigentlich ist ..." (ebd.)

Dann bezieht er sich auf die damals diskutierte religionspsychologische und religionsphilosophische Vermutung einer religiösen Veranlagung des Menschen, das „religiöse Apriori", die Vermutung also, der Mensch sei von Natur aus religiös veranlagt. Bonhoeffer fragt:

„Unsere gesamte 1900jährige christliche Verkündigung und Theologie aber baut auf dem ‚religiösen Apriori' der Menschen auf. ‚Christentum' ist immer eine Form (vielleicht die wahre Form) der ‚Religion' gewesen. Wenn nun aber eines Tages deutlich wird, daß dieses ‚Apriori' gar nicht existiert ...?" (8,403)

Das ist radikal gefragt und rüttelt an den Festen des christlichen Lehrgebäudes. Ist „Jesus Christus" „eigentlich" ein ganz Anderer und etwas ganz anderes als eine religiöse Gestalt oder die Gründungsfigur und der Heros einer Religion? Wer aber ist er dann? Und was wäre dann ein „religionsloses" Christentum?

Konnte das Christentum sich auf die Propheten, auf Jeremia, auf Jesus und Paulus berufen und sich dabei auf eine religiöse Veranlagung des Menschen oder gar nach einem „religiösen" Zeitgeschmack richten? Konnte die christliche Predigt die großen Worte der Bibel und der Theologie einfach so weiterplappern, statt sie „nicht-religiös" und „weltlich" zu interpretieren? (8,509,559,512). Bonhoeffer dachte mit diesen „hermeneutischen" Fragen die theologische Religionskritik Karl Barths konsequent weiter. Er wollte sie mit allen Konsequenzen zu Ende denken.

Während Barth in seiner „Kirchlichen Dogmatik"[32] die Kirche zur wahren Religionsgemeinschaft erklärte und die gewohnten Begriffe der hohen Theologie zwar ordnete und durchaus neu interpretierte, aber nach Bonhoeffers Verständnis eben nicht „nicht-religiös" bzw. „weltlich", wollte Bonhoeffer ab Ende April 1944[33] die ganze Verknüpfung von christlichem Glauben und „Religion" noch radikaler als Barth infrage stellen. Eine „nicht-religiöse" bzw. „weltliche" Interpretation der biblischen und theologischen Begriffe sollte dazu beitragen, dass Menschen bereit und fähig sind, „auf Gottes Zeit" zu „warten", in welcher sie erst befähigt sein werden, „das Wort Gottes so auszusprechen, daß sich die

Welt darunter verändert und erneuert". Bis dahin ginge es darum, zu „beten und das Gerechte (zu) tun" (8,436).

Bonhoeffer meinte im Wesentlichen eine persönliche Haltung, Lebenseinstellung, auch ein gewissermaßen modernes Lebensgefühl. Er kannte sich selbst als einen durchaus „weltlichen", „mündigen" und eben auch „religionslosen" Menschen in Solidarität mit den Mitgefangenen in den Gefängniszellen und beim Hof-Rundgang, sowie denjenigen Verwandten, die sich nicht als „religiös" und vielleicht darum nicht als Christen verstehen konnten, sich aber tatsächlich als Menschen an der Seite Jesu verhielten.

Bethges Liste

Eberhard Bethge (Bethge,979ff.) hat versucht, aus Bonhoeffers diversen Äußerungen zu „Religion" in den Tegeler Briefen „Merkmale" eines „Religionsbegriffs" in einer Auflistung zusammenzustellen. Das sollte dazu helfen, den Religionsbegriff zu rekonstruieren, den Bonhoeffer verwendete, ohne ihn an irgendeiner Stelle zusammenfasend zu definieren. „Religion" sei nach Bonhoeffer gekennzeichnet durch:

- „Metaphysik": Die Rede von Gott „in den Begriffsgestalten des Absoluten, Metaphysischen, Unendlichen" (8,559).
- „Individualismus" (Religion, die sich vor allem mit dem „Innerlichen" und „Privaten" befasst (8,414,402,405, vgl. 557: „Pietismus als letzter Versuch, das evangelische Christentum als Religion zu erhalten")).
- „Partialität" (Religion als abgetrennter Lebensbereich, in der Sprache der späteren Systemtheorie: Religion als Untersystem der Gesellschaft, Religiosität als nützliche, weil das System stabilisierende Funktion für bestimmte Nöte und Zwecke[34] (8,537,415)).
- ein Verständnis Gottes als „deus ex machina" (der „Lückenbüßer-Gott, nach der Religionskritik Feuerbachs: „Gott" als Wunschprojektion des Menschen; 8,407,503, 534. Dagegen setzte Bonhoeffer die „Umkehrung von allem, was der religiöse Mensch von Gott erwartet" (8,535): Vgl. bes. „Christen und Heiden", 8,515f.).
- Religion als „Privileg" (derer mit Religion gegenüber den Religionslosen, z. B. mit ihrem Interesse am eigenen „Seelenheil"; 8,405).

- Religion als „Vormundschaft“ (Religion macht die Mündigkeit des Menschen „madig“, ebd., 504; Religion hemmt das Leben; Gott (!) befreit „befreit von den falschen religiösen Bindungen und Hemmungen“; 8,535).
- Religion ist eine geschichtlich vorübergehende Epoche des Christentums (8,403) und nun zumindest in ihrer „westlichen Gestalt“ „entbehrlich“ (8,404).

Mit den genannten Merkmalen von „Religion“ kann man einen negativen Religionsbegriff rekonstruieren, wie er in der gesamten deutschen Nachkriegstheologie nicht vorgekommen ist und wie er an theologischen Fakultäten auch kaum eine Chance gehabt hätte.

Wo man das Phänomen „Religion“ zur Grundlage der Theologie macht, kann man nur bedingt Bonhoeffers Religionskritik ernstnehmen. Erst in jüngster Zeit deuten sich Versuche an, das Phänomen der Religion zusammen zu denken mit radikaler Religionskritik.

Interessanterweise kommt der relativ breit rezipierte Versuch Hartmut Rosas, statt von „Glaube“ und „Religion“ vom Phänomen der „Resonanz“ aus substanziell theologisch zu reden, nicht aus der Theologie, sondern von einem Soziologen.[35] Was Rosa „Resonanz“ als „Weltbeziehung“ nennt, könnte man auch als „Religion“ bezeichnen, nur dass Rosa seinem Begriff von „Resonanz“ eben einen kritischen Maßstab einbaut, dessen Details sich verblüffend mit dem decken, was wir bei Bonhoeffer als theologische Kritik der Religion finden.

Nach Rosa hat, was auch immer wir in den menschlichen „Weltbeziehungen“ als „Resonanz“ empfinden, zwei einander widersprechende Ausprägungen: Entweder fördern die jeweiligen Resonanzen das Leben (letztlich) aller Lebewesen der Erde – oder sie stören und zerstören das Leben.

Auf die theologische Ebene Bonhoeffers übertragen hieße Rosas „Resonanz“: Nur „Religion“, die das Leben fördert, die nicht „metaphysisch“, nicht-individualistisch, nicht-partial wäre, die nicht auf einen Gott aus der Theatermaschine („deus ex machina“) hinausliefe, die nicht Religion als Privileg weniger Erlöster inszenierte, die nicht die Menschen bevormundete, die sich tatsächlich als unentbehrlich, weil zutiefst menschlich erwiese ... wäre christlicher Glaube und damit in Bonhoeffers Begriffen eigentlich gar keine „Religion“.

„Religion“ aber, wie der Tegeler Bonhoeffer sie damals sah, hatte kaum etwas von jener humanisierenden und bildenden Kraft, die Kirchenleitungen und Theologie ihr zuschreiben.

Die von Bonhoeffer skizzierte „Religion“ könnte eher als das genaue Gegenteil jener bejubelten menschlichen Anlage und Kulturleistung gelten, wie sie der romantische und aufgeklärt-fortschrittsoptimistische Friedrich Schleiermacher (1768–1834) zu Anfang des 19. Jahrhunderts konzipiert hatte: als schönste Blüte und Lebenskraft des Menschlichen im Horizont des Göttlichen, als „Sinn und Geschmack fürs Unendliche“ (Schleiermacher,51)[36]

Dagegen donnerte 100 Jahre später Karl Barth mit seinem Weckruf in der Zeit nach dem 1. Weltkrieg. Gegen den überschwänglichen Nationalismus, gegen die Verherrlichung von Macht, gegen die Menschenverachtung in den Kolonien waren nur Wenige aufgestanden. Viele Geister taumelten mit im Rausch von Herrschaftsansprüchen und Stahlgewittern.

„Religion“ spielte, bei einigen ausdrücklich, bei anderen im geistigen Untergrund, eine motivierende, eine kulturtragende Rolle. Karl Barth meinte darum, die Wurzel der geistigen Verwahrlosung der europäischen Kultur im Kulturprotestantismus und damit verbunden in einer falschen Rede von Gott entdeckt zu haben.

„Was von Gott aus und nur von Gott aus am Menschen wahr wird, das kann nie etwas anderes werden als neuer Ruf zu Gott, neuer Ruf zur Umkehr, zur Ehrfurcht und Demut, Aufforderung, aufs neue alle Sicherheit fahren zu lassen [...] Jeder Anspruch, jedes Eigentumsrecht, das daraus abgeleitet wird, ist Mißverständnis der Erwählung, Mißverständnis des ergangenen Rufes, Mißverständnis Gottes [...] Es entsteht das typisch ‚religiöse‘ Leben (als etwas Besonderes im Gegensatz zum Leben überhaupt), dem in seiner romantischen Unglaubwürdigkeit durch keine Reden an seine Verächter [Hinweis auf Schleiermachers Reden, B. V.] zu helfen ist.“ (Barth: Römerbrief[37],35)

Bonhoeffer nahm die Religionskritik Karl Barths auf und übertrug sie auf das, was er in den Tegeler Briefen manchmal das „Christentum“, ein anderes Mal die „Kirche“ nannte. Er meinte eine Haltung, eine Lebenspraxis; und er argumentierte als ein Prophet und Visionär:

„Es ist nicht unsere Sache den Tag vorauszusagen – aber der Tag wird kommen, an dem wieder Menschen berufen werden, das Wort Gottes so auszusprechen, daß sich die Welt darunter verändert und erneuert. Es wird eine neue Sprache sein, vielleicht ganz unreligiös, aber befreiend und erlösend, wie die Sprache Jesu, daß sich die Menschen über sie entsetzen und doch von ihrer Gewalt überwunden werden, die Sprache einer neuen Gerechtigkeit und Wahrheit, die Sprache, die den Frieden Gottes mit den Menschen und das Nahen seines Reiches verkündigt. ‚Und sie werden sich verwundern und entsetzen über all dem Guten und über all dem Frieden, den ich ihnen geben will' (Jerem 33,9). Bis dahin wird die Sache der Christen eine stille und verborgene sein; aber es wird Menschen geben, die beten und das Gerechte tun und auf Gottes Zeit warten" (8,436).

„Religion" in Deutschland nach 1945

Auf Gottes Zeit „warten" wollte nach 1945 kaum jemand. Das Land lag in Trümmern. Es war die Zeit des Ärmel-Hochkrempelns, des Neuaufbaus, auch die Zeit der von den West-Alliierten unterstützten Volkskirche beider Großkonfessionen. Es wurde die Zeit kirchlicher Religion.

In der Präambel des Grundgesetzes für die als Provisorium gedachte Bundesrepublik Deutschland wurde der Gottesbezug eingestellt. Die „Freiheit des Glaubens, des Gewissens und die Freiheit des religiösen und weltanschaulichen Bekenntnisses" wurden als „unverletzlich(es)" Grundrecht festgeschrieben. Der demokratische Staat delegierte nach dem Prinzip der Subsidiarität Befugnisse und Aufgaben an Kirchen, Verbände und Vereine zum Wohle einer Gesellschaft, in der „Freiheit" und bürgerliches Engagement erst gelernt werden mussten.

Mit dem „Wirtschaftswunder" war Geld da für den Bau neuer Kirchen, Gemeindehäuser und kirchlicher Akademien. Religion sollte zur Bildung in einer demokratischen Gesellschaft beitragen. Kirchliche Gemeindekonzepte konnten „missionarisch-bibelorientiert" oder politisch am „Gemeinwesen" orientiert sein, waren in der Breite aber im Wesentlichen gemeinschaftsbildend und versorgungskirchlich konzipiert. Aus Bonhoeffers „Kirche für andere" wurde eine Vereins- und Dienstleistungskirche.

Das Gespräch zwischen der akademischen Theologie und der praktischen Seelsorge-, Predigt- und Gemeindearbeit eines durchschnittlichen Pastors, einer durchschnittlichen Pastorin kam spätestens in den 90-ern zum Erliegen. Die Debatten um Bultmanns Entmythologisierung und Sölles Theologie nach Auschwitz bildeten Ausnahmen. Im konziliaren Prozess für Frieden, Gerechtigkeit und Bewahrung der Schöpfung konnte noch einmal die theologische Frage nach dem „Bekenntnis“ und seinen politischen Konsequenzen kurzzeitig in Kirchengemeinden Fuß fassen. Eine durchschnittliche Kirchengemeinde nimmt heute kaum wahr, was an den theologischen Fakultäten gedacht wird. Dass es umgekehrt besser stünde, ist trotz Ausnahmen nicht zu erwarten. Heute werden auf Deutschen Evangelischen Kirchentagen kabarettierende Ärzte und philosophierende Soziologen zu den ehemals theologischen Hauptvorträgen eingeladen; und es ist fast eine Ausnahme, wenn in Kirchengemeinden ernsthafte theologische Gespräche geführt werden.

Im Osten Deutschlands, auf dem Gebiet der Deutschen Demokratischen Republik und in der vom ideologisch-atheistischen Staat geforderten und weitgehend erzwungenen Eingrenzung und Schwächung der Kirche sowie Zurückdrängung jeder Religion war vor 1989 die Verbindung Theologie – Pfarramt – Gemeinde enger. Gegen den atheistischen Staat und seine Ideologie rückte man zusammen. Man bündelte die geistigen Kräfte. Jede Bibelarbeit war auch politisch.

Im Westen Deutschlands geriet Karl Barths Theologie allmählich ins Hintertreffen. Sie war im Gegenüber zu Bultmanns Theologie etwas für konservative „kirchliche“ Pastoren – zum Leidwesen, aber durch seine Anti-Stellung zu Bultmann nicht ohne Mitschuld Barths – oder sie wurde eine Angelegenheit einer Minderheit dezidiert politisch gesinnter Theologen wie Helmut Gollwitzer (1908–1993) und Friedrich-Wilhelm Marquardt (1928–2002).

Dietrich Bonhoeffer galt als Glaubensheld, aber theologisch als Sonderling. Manche meinten, Bonhoeffer habe sich mit seiner Prognose einer kommenden Religionslosigkeit einfach getäuscht. Seine Gedanken zu einer angeblich verheißungsvollen Religionslosigkeit, ja: Gottlosigkeit, stünden auf allzu wackeligem Fundament. Religion sei überall in der Welt. Bonhoeffer habe in dieser Frage einfach nicht sauber und konsistent gedacht und sich von seinen Erfahrungen im Gefängnis dazu verleiten lassen, das Phänomen der Säkularisierung in Richtung auf „völlige Religionslosigkeit“ zu verallgemeinern und zu positiv zu bewerten.

War er denn selbst nicht ein zutiefst religiöser Mensch? Und war sein Neuansatz der Theologie im Gefängnis nicht eher eine Art Selbstmissverständnis, vielleicht sogar eine Abkehr von einem christlichen Glauben, der der aufgeklärten Welt kritisch gegenüberstand? So fragte z. B. sein Freund Franz Hildebrandt (1909–1985).

Die maßgeblichen Theologen und Theologinnen, Religionspädagogen und Religionspädagoginnen haben an Bonhoeffers Religionskritik vorbei jahrzehntelang den Begriff der „Religion" hochgehalten. In den Kirchenleitungen, an theologischen Fakultäten und insbesondere im religionsdidaktischen Bereich konnte man ohne „Religion" gar nichts bewerkstelligen.

Die Mehrheit der Pastorinnen und Pastoren, der Lehrer und Lehrerinnen wurden in den letzten 30 Jahren vor allem darin ausgebildet, in ihren Gemeinden und in den Schulklassen nach Anzeichen von „Religion" und „Religiosität" zu fahnden. Überall entdeckte man religiöse Spuren, religionsaffine Phänomene. Auch die „Kasualien" (Taufe, Trauung, Beerdigung) wurden eine Zeit lang als (religiöse) missionarische Gelegenheiten diskutiert, ehe man sie zu religiösen Dienstleistungen erklärte. Ohne Bezug auf ein angebliches menschliches Bedürfnis nach „Religion" – heute sagt man lieber „Spiritualität" – schienen Predigerinnen, Kirchenleitungen, Theologen und Theologinnen, Lehrer und Lehrerinnen die Botschaft von Jesus Christus oder Paulus nicht aussagen zu können oder zu wollen.

Sachlich damit zusammenhängend wurde die theologische Rede von Jesus Christus immer problematischer. War nicht auch jener Mensch von vor 2000 Jahren schlicht nur ein Beispiel von Menschlichkeit und Religiosität?

Bonhoeffer dagegen sah zu seiner Zeit in der Religionslosigkeit ein Gericht Gottes an der geistigen Schwäche der Kirche gegenüber der Katastrophe der Nazi-Ideologie mit ihrer pseudo-religiösen Gottlosigkeit. Er sah die Notwendigkeit einer kirchlichen und theologischen „Buße" und meinte damit die biblische „Metanoia" („Buße", „Umkehr", wörtlich: neues Denken), eine Erneuerung von Denken, Handeln und Gestalt, von Bewusstsein und Sein der Kirche – und das alles mit dem Menschen Jesus / Jesus Christus als der zentralen und maßgeblichen Gestalt.

Von Jesus Christus her sah Bonhoeffer die Phänomene seiner Zeit frei von „religiöser" Selbstbezüglichkeit. Schon in dem Ethik-Manuskript „Erbe und Verfall" hatte er neben eine hoffnungslose eine „verheißungsvolle Gottlosigkeit" gesetzt (6,115). Daran knüpfte er später in Tegel an.

Das „Fluchen der Gottlosen" könne Gott lieber hören wollen als das „Halleluja der Frommen", hatte er in der „Ethik" Luther zitiert (6,115). In diesem Geiste heißt es weiter: „Ebenso ist die Tatsache der Kirchenaustritte nicht eindeutig. Auch diese können aus hoffnungsloser und aus verheißungsvoller Gottlosigkeit geschehen, ganz abgesehen von der Frage, ob der Kirchenaustritt nicht sogar aus echtem Gottesglauben heraus möglich, ja unter bestimmten Umständen notwendig ist" (6,115f.).

Aus Bonhoeffers Sicht war Jesus kein religiöser Mensch, kein „homo religiosus" „im Unterschied wohl zu Johannes dem Täufer" (8,541[38]). Für Bonhoeffer waren Jesu Handlungen und Worte keine Merkmale einer „Religion", sondern Ausdruck eines im biblischen Sinne ganzen, ungeteilten (darum und insofern „sündlosen"![39]), immer mit vollem Einsatz und d. h. im „Wagnis" gelebten Lebens in Beziehung mit Gott und „für andere", hier und jetzt im Horizont der Gottesgegenwart.

Im Unterschied dazu wäre eine „Religion" Johannes des Täufers in dieser auf Bonhoeffers eigene Lebensgeschichte (!) bezogenen idealtypischen Gegenüberstellung die Aufteilung der Welt in einen weltlichen und einen heiligen Bereich. Wer „religiös" fühlt und denkt und handelt, teilt die Welt in zwei Bereiche auf, die einander fremd, wenn nicht feindlich gegenüberstehen. Wo und wie aber wäre dann von einem weltversöhnenden Handeln Jesu Christi die Rede?

Bonhoeffer hat darum bereits in der „Ethik" theologisch mit der Vorstellung von zwei „Räumen" aufgeräumt: „Alles wäre verdorben, wollte man Christus für die Kirche aufbewahren, während man der Welt nur irgendein, vielleicht christliches, Gesetz gönnt. Christus ist für die Welt gestorben, und nur mitten in der Welt ist Christus Christus." (6,53)

Diese Erkenntnis treibt er am 21. Juli 1944 auf die Spitze: Weil ihm die traditionelle christlich-religiöse Tendenz zur Aufteilung der einen Wirklichkeit bei seiner biografischen Rückschau am 21. Juli 1944 in Bezug auf seinen eigenen Versuch, „so etwas wie ein heiliges Leben zu führen", aufgefallen war, distanzierte er sich nun umso klarer von entsprechenden Ausführungen in seiner „Nachfolge", zu deren Grundansatz, wie er ihn insbesondere am Anfang der „Nachfolge" dargelegt hatte, er nach wie vor „stehe" (8,542).[40]

Ob Bonhoeffer mit seiner gegensätzlichen Bewertung von Jesus und Johannes dem Täufer historisch-exegetisch Recht hat, darf bezweifelt werden. Beide waren Juden und beide auf unterschiedliche Art Propheten. Im Unterschied zu Johannes war Jesus allerdings kein Asket. Dieser Unterschied ist für Bonhoeffer durchaus signifikant. Er hatte selbst versucht, so etwas wie ein heiliges Leben zu führen, z. B. auf eine Ehe zu verzichten, und erkennt nun am 21, Juli 1944, dass er eine Zeit lang einem selbst gemachten Moralismus aufgesessen war.

Das Vorletzte und das Letzte

Fundamental für das Verständnis Bonhoeffers bei der Frage der „Religion" ist die Unterscheidung des Vorletzten und Letzten: „Wir leben im Vorletzten und glauben das Letzte, ist es nicht so?" (8,226).

In dem Ethik-Fragment „Die letzten und die vorletzten Dinge" (6,137–162) ist der Sinn der Unterscheidung der „letzten und vorletzten Dinge" die Verknüpfung von zwei zu unterscheidenden Erfahrungen, die aber für Bonhoeffer existenziell und theologisch – in dieser Reihenfolge – zusammen gehören:

- die eine Erfahrung, dass „mein Leben gerechtfertigt ist" aus Gnade und im Glauben allein (6,139). Es ist die Erfahrung des „Letzten", eine in Bezug auf das menschliche Handeln rein passive Erfahrung der Gnade Gottes im Sinne von Luthers reformatorischer Entdeckung: „Allein (aus) Gnade".
- die andere Erfahrung, mit Jesus Christus „gleichgestaltet" zu werden (6,80ff.), im Grunde „zu sein – wie Christus selbst" (6,141![41]). Diese Erfahrung ist die Erfahrung des „Vorletzten". Es ist die in Bezug auf das menschliche Handeln die durchaus aktive Beteiligung an der „teuren Gnade" (ebd.). Der Mensch ist zwar ausschließlich von Christus in die „Situation" gerufen, „in der geglaubt werden kann" (4,50); aber es liegt in seinem freien Gehorsam, ob er oder sie dem Ruf folgt oder nicht folgt.

Ursprünglich hatten die „letzten Dinge" in der traditionellen protestantischen Dogmatik ihren Platz bei den Themen der „Eschatologie" (Lehre von den letzten Dingen): Es ging um das Gericht Gottes und die Kriterien von Gottes Gerichtshandeln, die Endzeit, die Wiederkunft Christi am Ende der Weltzeit.

Bei Karl Barth hatte Bonhoeffer gelernt, in einem weiteren Sinne „eschatologisch" zu denken, insofern Gott nicht erst am Ende der Tage, sondern jederzeit dieser Weltzeit gegenüber als der in Jesus Christus gnädige Richter sein (aus-)richtendes und neuschaffendes Wort spricht.

Indem er dieses auf die Gegenwart bezogene Verständnis des Eschatologischen in den Bereich der Ethik übertrug, verfolgte Bonhoeffer sein Ziel, von Gottes Gebot unbedingt „konkret“ sprechen zu wollen: Die Kirche soll den Menschen nicht mit allgemeinen Richtigkeiten und Floskeln, sondern konkret sagen können, was Gottes Gebot hier und heute sei. Darüber hinaus soll jeder einzelne Mensch es wagen – dort, wo es keine kirchliche Weisung gibt (obwohl es sie geben müsste) – als Einzelner verantwortlich zu handeln. Dafür muss der einzelne Mensch sozusagen Antennen ausfahren, mit deren Hilfe er die „Wirklichkeit“ erkennen und so Gottes konkretes Gebot überhaupt hören kann. Bei den letzten und vorletzten „Dingen“ (in dieser Reihenfolge) sollte es also fast ausschließlich um die durch Christus erfolgende Bevollmächtigung des Menschen zur ethisch verantwortlichen Tat gehen.

Genau hier setzt Bonhoeffer in Tegel einen anderen Akzent. Nun geht es ihm um die Befähigung des Menschen, mitten im „Vorletzten“ überhaupt menschlich zu „leben“, d. h. nicht nur tätig, sondern gerade auch das Leben erleidend und genießend (Brief 21.7.1944). Das „Letzte“ ist nun gewissermaßen dazu da, dass der Mensch sein irdisches, sein „diesseitiges“ (Bonhoeffer) Leben tatsächlich leben kann.

Was in der „Ethik“ eine ethische Spitze hatte (wie kommt der Mensch dazu, das Gute zu hören und zu tun?), weitet Bonhoeffer am 30.4.1944 in seiner Unterscheidung von „Vorletztem“ und „Letztem“ [jetzt in *dieser* Reihenfolge!] aus auf das Ganze der menschlichen Existenz.[42]

Der entscheidende Passus lautet am 30.4.1944:

„Wie sprechen wir von Gott – ohne Religion, d. h. eben ohne die zeitbedingten Voraussetzungen der Metaphysik, der Innerlichkeit etc. etc.? Wie sprechen (oder vielleicht kann man eben nicht einmal mehr davon ‚sprechen‘ wie bisher) wir ‚weltlich‘ von ‚Gott‘, wie sind wir ‚religionslos-weltlich‘ Christen, wie sind wir ἐκκλησία, [ekklesia = Kirche, wörtlich: „Herausgerufene“] Herausgerufene, ohne uns als religiös Bevorzugte zu verstehen, sondern vielmehr als ganz zur Welt Gehörige? Christus ist dann nicht mehr Gegenstand der Religion, sondern etwas ganz Anderes, wirklich Herr der Welt. Aber was heißt das? Was bedeutet in der Religionslosigkeit der Kultus und das Gebet? Bekommt hier die Arkandisziplin, bzw. die Unterscheidung (die Du ja bei mir schon kennst) von Vorletztem und Letztem neue Wichtigkeit?“ (8,405f.)

„Wagnis für andere" und Freiheit von der Religion

Die Kirche hatte ihn enttäuscht. Die Theologie fand er in den ihm vorliegenden Gestalten entweder „apologetisch", eine sinn- und taktlose Attacke gegen die mündige Welt reitend (8,477f.,482,503), oder „offenbarungspositivistisch", womit er meinte, dass von den Theologen ein bestimmter Glaubenskanon, im Grunde aber (christliche) „Religion" als Bedingung für die Teilhabe an Gottes Handeln in der Welt propagiert würde.

„Entscheidend: Kirche in der Selbstverteidigung. Kein Wagnis für andere" (8,558).

Die Welt werde von solcher Kirche und solcher Theologie „religiös" überfordert, unter eine Art religiöses Gesetz gezwungen und damit tatsächlich im Stich gelassen. Damit trete nun ein, was vor 1900 Jahren der Völkerapostel Paulus noch zu verhindern gewusst habe:

„Die paulinische Frage, ob die περιτομή [peritome = Beschneidung, B. V.] Bedingung der Rechtfertigung sei, heißt m. E. heute, ob Religion Bedingung des Heils sei. Die Freiheit von der περιτομή ist auch die Freiheit von der Religion." (8,406)

Der zum Christen bekehrte Pharisäer Paulus (Röm 1; Gal 1) hatte sich in Jerusalem erfolgreich dafür eingesetzt, von den Menschen der nichtjüdischen Völker, von den Griechen und Römern (Lutherbibel: den „Heiden"), nicht die Beschneidung, d. h. den Übertritt zum Judentum zu verlangen. Der stattdessen direkte Zugang von „Heiden" zum Glauben an den Gottessohn Jesus aus Israel hat die Verbreitung der christlichen Botschaft und die Kirchengeschichte ermöglicht. Im Schatten dieser ersten, Weichen stellenden konziliaren Entscheidung der Urkirche (vgl. Apg 15) liegt die so tragische wie auch schuldhafte Trennung von Kirche und Synagoge, liegen Antijudaismus und Antisemitismus.[43]

Sollte das, was Bonhoeffer „Religion" nennt[44], also vielleicht der damaligen Beschneidungsforderung vergleichbar ein „Gesetz" gewesen sein, das eigentlich gar nicht zum Kern und Wesen des christlichen Glaubens eines Jesus oder Paulus dazugehören müsste? Ist die für Bonhoeffer auch an sich selbst erfahrbare Religionslosigkeit darum vielleicht eine Befreiung von einem religiösen Zwang und eine Einladung an alle Menschen, ob sie sich für religiös begabt und interessiert halten oder nicht, sich mit der Geschichte und Gestalt des Menschen Jesus zu befassen?

Wäre ein „religionsloses" Christentum darüber hinaus endlich fähig, Israel als dem Gottesvolk auf Augenhöhe zu begegnen, weil bestimmte theologische Lehren gar nicht mehr als Schutzzäune des wahren, des richtigen christlichen Glaubens nötig wären? Liefe eine Anerkennung der paulinischen Erkenntnis am Ende nicht auf eine Anerkennung der damaligen Gegenseite hinaus? Bedeutete der Blick auf Jesus, den Messias aller Völker, nicht zugleich die Anerkennung der Tatsache, dass der eine Gott mit seinem bleibend erwählten Volk Israel einen besonderen Weg durch die Geschichte ging? In diese Richtung hat Bonhoeffer zu denken angefangen. Der Gott, der „Christen und Heiden", der „beiden" ohne Vorbedingungen „vergibt" (8,516), liebt und vergibt auch seinem Volk Israel. Das „messianische Ereignis, daß Jes 53 nun erfüllt wird" (18.7.1944; 8,535f.) – eine der geheimnisvollsten Formulierungen Bonhoeffers überhaupt – ist zumindest auch zu deuten als das Leiden Gottes mit und für Israel, über das zur Stunde von Bonhoeffers Niederschrift gerade die Katastrophe der Shoah hereingebrochen ist.

Bonhoeffer dachte jedenfalls nicht nur an eine Erneuerung von Kirche und Theologie, sondern gerade mit seiner Unterscheidung des Vorletzten vom Letzten daran, die individuellen Lebensauffassungen von Menschen, Gemeinschaften, ja von Völkern, zu verstehen, zu respektieren, aber auch in ein Gespräch zu führen, in dem Neues geschehen sollte.

Das Geheimnis

„Religionslos" zu leben, hat für Bonhoeffer niemals bedeutet, nicht mehr zu beten, nicht mehr die Bibel zu lesen, nicht mehr das Abendmahl mit jemandem teilen zu können. Er überlegte vielmehr, ob diese sogenannten „religiösen" Handlungen im „Arkanum" [wörtlich übersetzt: im Geheimnis] ihren Platz haben sollten, in einem persönlichen oder auch mit wenigen anderen gemeinsam begangenen Gottesdienst.

Er nannte diese in seinem Sinne eben „nicht-religiösen" „religiösen" Handlungen im Anschluss an eine Praxis in der Alten Kirche „Arkandisziplin" (8,405,415). So fragte er am 30.4.1944 nach Funktion und Gestalt von „Kultus und Gebet" nicht, um diese abzuschaffen, sondern um die Gedanken frei zu bekommen dafür, neu über Sinn und Gestaltung von öffentlichen Gottesdiensten, von Liturgie und Predigt nachzudenken.

Eine „Arkandisziplin" in Bonhoeffers Sinn sollte niemand als einen geheimen Kult einer christlichen (religiösen) Elite missverstehen. Es ging ihm ja gerade um die Aufgabe von religiösen Privilegien, nicht um deren

Zementierung oder um eine Aufrichtung neuer Schranken zwischen Religiösen und Religionslosen.

Der Sinn von „Arkandisziplin" liegt gerade in dem „weltlichen" Gespür von Menschen, in einer einzigen Wirklichkeit Gottes leben zu dürfen, welches Gespür sie unabhängig macht von „religiösen" Behauptungen gegenüber anderen und „religiösen" Besitzansprüchen für sich selbst. Wem die Welt Gottes-voll ist, der braucht „Religion" nicht als Strategie einer Absicherung gegen andere oder als Besitzstandswahrung in Bezug auf „Seelenheil". Das „Arkanum", d. h. das Geheimnis Gottes, zu achten, hieß für Bonhoeffer umgekehrt, vor und von Gott schweigen zu können.[45]

Qualifiziert zu schweigen gehörte für ihn von Kindheit an zu seiner Persönlichkeit. Das „Geheimnis" des anderen Menschen zu respektieren, das Geheimnis, das man selbst sich ist, das Geheimnis des Lebens und das Geheimnis Gottes – es ist alles eine einzige, von dem Respekt vor dem Unverfügbaren geprägte Lebenseinstellung, eine in Fleisch und Blut übergegangene Haltung.

Bonhoeffers Überlegungen zur „Arkandisziplin" haben nichts mit geheimer „Religion" für spirituell begabte Leute und alles mit der Wahrung des alles umfassenden Geheimnisses mitten im Leben, ja, des Geheimnisses des menschlichen Lebens selbst zu tun.[46]

Gott in den Tatsachen – Der Mensch Jesus

Ruth-Alice von Bismarck (1920–2013), Schwester von Bonhoeffers Braut Maria von Wedemeyer (1924–1977), Herausgeberin der „Brautbriefe"[47] und eine kleine Zeit lang selber eine Bonhoeffer-Vertraute, fragte mich vor Jahren: „Hatte Bonhoeffer eine Offenbarung für uns?"

Bonhoeffer hat die von Martin Luther übernommene und durch Karl Barth zugespitzte Konzentration der Theologie auf Jesus Christus auf die Spitze getrieben und zugleich rückhaltlos geöffnet für die Fragen und die Kritik der – wie er es 1944 nannte: „religionslosen" bzw. „mündig gewordenen" Welt. Das, meine ich, ist der Kern seines Glaubens, seiner Theologie und vielleicht eine „Offenbarung" im Wortsinn: Dieses Miteinander von größtmöglicher Offenheit und persönlicher Beziehung legt zunächst einmal offen, was „ist", welche Kräfte sinnlos walten, welche Energien am Werk, welche Fragen wichtig sind, wohin die Menschheitsreise gehen könnte.

„Das Weizsäcker'sche Buch über das ‚Weltbild der Physik' beschäftigt mich noch sehr. Es ist mir wieder ganz deutlich geworden, daß man Gott nicht als Lückenbüßer unserer unvollkommenen Erkenntnis figurieren lassen darf; wenn nämlich dann – was sachlich zwangsläufig ist – sich die Grenzen der Erkenntnis immer weiter hinausschieben, wird mit ichnen auch Gott immer weiter weggeschoben und befindet sich demgemäß auf einem fortgesetzten Rückzug. In dem, was wir erkennen, sollen wir Gott finden, nicht aber in dem, was wir nicht erkennen; nicht in den ungelösten Fragen will Gott von uns begriffen sein. Das gilt für das Verhältnis von Gott und wissenschaftlicher Erkenntnis. Aber es gilt auch für die allgemein menschlichen Fragen von Tod, Leiden und Schuld" (8,454f.).

Im Gefängnishof von Tegel Juni 1944.
Das Buch, das Bonhoeffer in der rechten Hand hält, könnte Carl Friedrich von Weizsäcker: Zum Weltbild der Physik oder Wilhelm Dilthey: Weltanschauung und Analyse des Menschen sein.[48]
„Wenn wir zusammen unseren Spaziergang hatten, eine halbe Stunde oder auch mehr jeden Tag, sprachen wir über politische, religiöse und wissenschaftliche Probleme. Er lieh mir das Weizsäckerbuch ..." [Professor Gaetano Latmiral, in: Bethge,955].

„Friede soll sein."

Schon seit seiner aktiven Beteiligung in der Frühphase der Ökumenischen Bewegung in den frühen 30-er Jahren hat sich Bonhoeffers Blick in die Welt hinein geweitet. Dass Kirche nur „Kirche für andere" sei (8,560) und keine Insel der Seligen, das hatte schon der 25-jährige Dietrich Bonhoeffer verstanden, der sich im Weltbund für Freundschaftsarbeit engagierte und 1934 in Fanö zur kirchlich abgesegneten Kriegsdienstverweigerung aufrief:

„Friede soll sein, weil Christus in der Welt ist, d. h. Friede soll sein, weil es eine Kirche Christi gibt, um deretwillen allein die ganze Welt noch lebt" (13,299). In Tegel wird er den Satz fast umdrehen; denn nun ist die Kirche für die und also wegen der Welt da.

„Wie 's Kind zur Weihnachtsgabe" (M. Claudius)

Durch seinen Schüler und Freund Gerhard Vibrans (1907–1942) lernte Bonhoeffer ein Gedicht von Matthias Claudius (1740–1815) aus dem Wandsbeker Boten lieben (vgl. 16,244), welches ihm das Geheimnis seines menschlichen Lebens auf schöne Weise aufführte:

> Ich danke Gott, und freue mich
> Wie's Kind zur Weihnachtsgabe,
> Daß ich bin, bin! Und daß ich dich,
> Schön menschlich Antlitz! Habe [...][49]

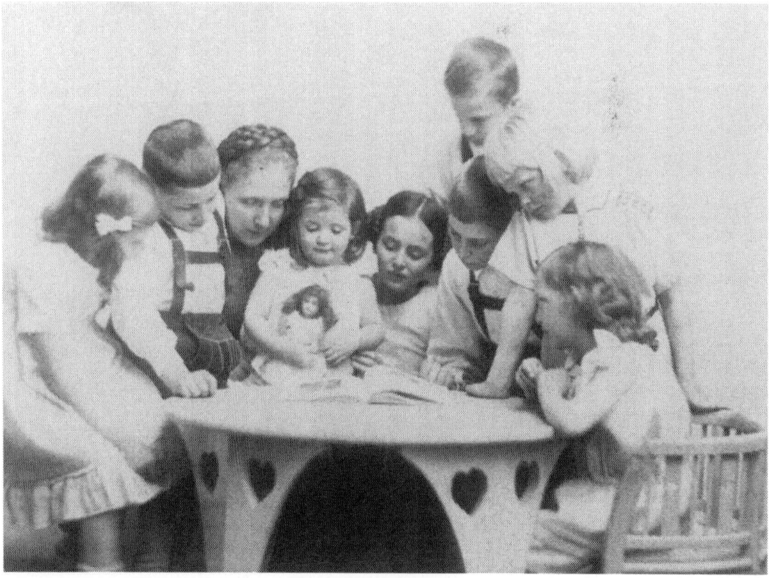

Paula Bonhoeffer, geb. von Hase mit ihren acht Kindern, vermutlich 1910.

Bonhoeffers Glaube

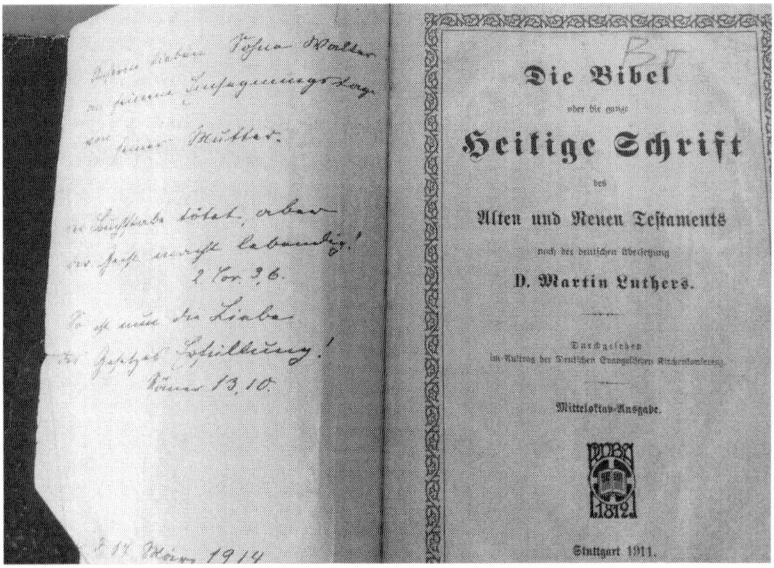

Dietrich Bonhoeffers Bibel. Die Widmungsworte 2. Korinther 3,6 /Römer 13,10 galten ursprünglich Dietrichs Bruder Walter. Nach dessen Tod (1918) bekam Dietrich diese Bibel zur Konfirmation. Sie begleitete ihn bis zum Ende der Haftzeit in Tegel. Foto: B. V.

Theologie

Früh stand sein Berufswunsch. Er war 14 Jahre alt und wollte Theologie studieren und auch Pastor werden. Der Vater und die Brüder begegneten der Ansage des 14-Jährigen mit Verwunderung und mildem Spott. Trotz verwandtschaftlicher Bezüge zu Pastoren in der mütterlichen Linie hielten insbesondere die Männer der Familie von den kleinbürgerlich-moralisch auftretenden Pastoren nicht viel. Dietrich hatte Besseres verdient!

„*Dann werde ich eben diese Kirche reformieren!*' entgegnete er trotzig" (Bethge,61).

Eine psychologische Analyse könnte auf dem Hintergrund der Geschwisterkonstellation – Dietrich als der jüngste von insgesamt vier Brüdern, zwei älteren sowie zwei jüngeren Schwestern – auf die Idee kommen, hier auch die familiäre Konkurrenzsituation in Betracht zu ziehen (Schlingensiepen,24ff.). Die vom starken Vater Karl Bonhoeffer hoch bewerteten Begabungen und Vorhaben waren von den älteren Brüdern besetzt, insbesondere die Verbindung von naturwissenschaftlichem Interesse und politischer Bildung.

Mit seiner bereits früh erkennbaren Frömmigkeit war Dietrich das Kind seiner Mutter Paula Bonhoeffer, geb. von Hase, sowie kindlicher Partner der Erzieherin „Fräulein" Maria Horn, von den Kindern „Hörnchen" genannt und besonders von Dietrich auch dafür geliebt, dass sie ihm plastisch die Passionsgeschichte Jesu vor Augen führen konnte (Bethge,59ff.).

Ruth-Alice von Bismarck erzählte:

„Er hatte eine so unmittelbare Nähe zu Jesus. Er hatte neben der irdischen eine geistliche Familie. Zu dieser geistlichen Familie gehörte übrigens schon sein Kindermädchen Fräulein Horn. Die Zwillinge Dietrich und Sabine und die kleine Schwester Susanne lagen abends in ihren Bettchen; und sie erzählte ihnen in der Passionszeit jeden Abend eine Geschichte aus der Passion Jesu. Susanne war es dann auch, die Dietrich später fragte – er war da 16 Jahre alt –: ‚Was ist das mit dem Abendmahl?' Er antwortete: ‚Ich bin gerne eingeladen bei jemandem, der mich mag.'"[50]

Identität und Glaube

Woher hat ein Mensch sein Lebensvertrauen, einen seelischen Kompass und ein Empfinden für das, was ihm oder ihr heilig ist, in diesem Sinn einen „Glauben"? Welche Einflüsse haben den persönlichen Glauben eines Menschen mitgeprägt oder gar geweckt?

Der christliche Glaube gilt besonders in der evangelisch-kirchlichen Tradition als Geschenk des Heiligen Geistes. Trotzdem ist es – mit Bonhoeffer – aus der Perspektive des Glaubens möglich, in den „Tatsachen" eines gelebten Lebens und auch in den charakterlichen Zügen einer Person so etwas wie ein Geheimnis gerade dieses Menschen zu ahnen. Im Horizont dieses Geheimnisses werden Bezüge und Sinnzusammenhänge sichtbar.

Die Lebenswege und Äußerungen eines Menschen formen eine individuelle und profilierte Gestalt, die Außenstehende als ein Ganzes wahrnehmen können. Bonhoeffer war diese persönliche Erkennbarkeit wichtig. Es sollte sichtbar werden, wie ein Mensch von Gott her „angelegt" und

„gedacht" war (8,336). Da jedes menschliche Leben, gemessen an einer idealen Ganzheit, fragmentarisch bleibt, kann die Identität jedes Menschen als menschlich unabschließbar gelten und so akzeptiert werden.[51]

„Es kommt wohl nur darauf an, ob man dem Fragment unsres Lebens noch ansieht, wie das Ganze eigentlich angelegt und gedacht war und aus welchem Material es besteht. Es gibt schließlich Fragmente, die nur noch auf den Kehrichthaufen gehören [...], und solche, die bedeutsam sind auf Jahrhunderte hinaus, weil ihre Vollendung nur eine göttliche Sache sein kann, also Fragmente, die Fragmente sein müssen – ich denke z. B. an die Kunst der Fuge. Wenn unser Leben auch nur ein entferntester Abglanz eines solchen Fragmentes ist, in dem wenigstens eine kurze Zeit lang die sich immer stärker häufenden Themata zusammenstimmen und in dem der großen Kontrapunkt vom Anfang bis zum Ende durchgehalten wird, so daß schließlich nach dem Abbruch – höchstens noch der Choral: ‚Vor deinen Thron tret' ich allhier' – intoniert werden kann, dann wollen wir uns auch über unser fragmentarisches Leben nicht beklagen, sondern daran sogar froh werden." (8,336)

Bonhoeffer war nicht derart bescheiden, sein eigenes Lebensfragment etwa nicht in Analogie zu einem Kunstwerk wie J. S. Bachs „Kunst der Fuge" zu verstehen. Das ist durchaus selbstbewusst und zukunftsgewiss. Sein „Glaube" war entsprechend nicht in irgendeiner „religiösen" Botschaft auf den Begriff gebracht und ging auch nicht auf im „Glauben" seiner Kirche. „Glaube" war für ihn zunächst ein Begriff für seine gesamte Lebenseinstellung: woran sein Leben hing (vgl. 8,559).

Die biblischen Geschichten fielen dem Kind Dietrich in die Seele. Diese war auf sie vorbereitet als Erzählungen vom menschlichen Leben. Bonhoeffers theologische Maxime, wie er sie in der „Nachfolge" theologisch formulierte, dass eine theologische „Erkenntnis" nicht getrennt werden könne von der „Existenz, in der sie gewonnen ist" (4,38), ist vor aller Theologie zunächst eine Aussage über seine eigene Person und über den „Glauben" schon des Kindes.

Sehnsucht nach dem Ganzen

Dietrich Bonhoeffer war ein geistiges Kind der deutschen Romantik und hatte eine Sehnsucht nach dem Umfassenden, dem großen Zusammenhang, dem „Ganzen". Dieser Sehnsucht gesellte sich ein wahrhaft kindliches Gespür für Gott in der Natur, in den menschlichen Geschichten und

Beziehungen zu. Dietrich Bonhoeffers „Glaube“ war das tiefsitzende Gespür für jene „Geborgenheit“, von der sein letztes Gedicht so wirkmächtig sprechen wird.

Wenn bei Familie Bonhoeffer Advent und Weihnachten ausgesprochen liebevoll und vielfältig gefeiert wurde, die Krippe aufgebaut, die biblische Weihnachtsgeschichte gelesen, musiziert und die Weihnachtslieder gesungen wurden, war dies sicher auch eine Familientradition, damit aber zugleich eine kunstvolle Einführung in die geheimnisvolle Welt himmlischer Mächte in der Welt der Menschen (Dreß[52],157ff.,174ff.).

Tod und Auferstehung

Von den Zwillingen Dietrich und Sabine wird erzählt, dass sie als Zehnjährige in ihrem gemeinsamen Zimmer nachts den Tod herausforderten. Sie hielten dafür ganz lange die Luft an und dachten konzentriert an die Ewigkeit (Bethge, 62f.). Die Tatsache des Sterben-Müssens, der eigene Tod hat Dietrich früh und nachhaltig beschäftigt. In einer selbstkritischen Rückschau wahrscheinlich aus dem Jahr 1932 erinnerte er sich daran, sich als Jugendlicher in Fantasien vom schönen Tod verloren zu haben, gepaart mit der narzisstischen Komponente der Vorstellung von der Trauer aller ihm wichtigen Menschen um ihn herum (Bethge,63f.). Als er zwölf Jahre alt war, musste die Familie mit dem Tod des Bruders Walter leben, der gegen Ende des Krieges an einer Schussverletzung gestorben war. Die sonst so lebensfrohe Mutter zog sich über Tage zurück und trauerte schwer. Es ließe sich wahrscheinlich machen, dass Dietrich, mit Walter wohl der Lieblingssohn der Mutter, das Erbe angetreten war, unbewusst an der Seite der Mutter ein Ritter gegen Tod und Teufel zu werden. Sterben und Tod sind jedenfalls ein wesentliches Lebensthema Bonhoeffers von Anfang

Albrecht Dürer: Ritter, Tod und Teufel.
Bonhoeffer kannte und liebte Dürers Stiche.

an. Über den Tod, auch seinen eigenen, vermutlich frühen Tod, hat er viel nachgedacht und sich manches Mal geäußert.[53]

„Als Kind hat Dietrich Furcht gekannt, und insofern gestalteten sich 1913 die Anfänge im Friedrich-Werderschen Gymnasium erst etwas schwierig. Er mochte den Schulweg nicht allein machen, wobei er eine große Brücke zu überqueren hatte. Die Begleiterin ging dann auf der anderen Seite des Fahrdamms, um ihn nicht vor seinen Kameraden zu beschämen; schließlich überwand er diese Angst". (Leibholz-Bonhoeffer[54],54)

Ferien im Ferienhaus Wölfelsgrund 1911

In einem zu Beginn des Krieges geschriebenen Rundbrief an seine Vikare schreibt Bonhoeffer:

„Der Tod von außen ist der schreckliche Feind, der an uns herantritt, wann er will. Er ist der Sensemann, unter dessen Schlag die Blume abfällt. Er lenkt die Kugel, daß sie trifft. Wir können nichts wider ihn, »hat Gewalt vom höchsten Gott«. Er ist der Tod des ganzen Menschgeschlechts, Gottes Zorn und Ende alles Lebens. Aber das andere ist der Tod in uns, er ist unser eigener Tod. Wir sterben ihn in Jesus Christus täglich oder wir verweigern ihn. Dieser Tod in uns hat mit der Liebe zu Christus und den Menschen etwas zu tun. [...] Dieser Tod ist Gnade und Vollendung des Lebens. Daß wir diesen Tod sterben, daß es uns geschenkt wird, daß uns der Tod von außen erst antrifft, wenn wir durch diesen eigenen Tod für ihn bereit gemacht sind, das darf unser Gebet sein; dann ist unser Tod wirklich nur der Durchgang zur vollendeten Liebe Gottes. Wenn um uns herum Streit und Tod ihre wilde Herrschaft üben, dann sind wir aufgerufen, nicht nur durch Worte und Gedanken, sondern auch durch die Tat Gottes Liebe und

Gottes Frieden zu bezeugen. Lest Jakobus 4,1f! Täglich wollen wir uns fragen, wo wir durch die Tat Zeugnis geben können für das Reich, in dem Liebe und Friede herrscht." (15,271f.)

Es ist ein langer Weg der Auseinandersetzung mit dem Tod, den der Sechsjährige jenseits des umhegten Paradiesgartens der Kindheit zu gehen hatte bis zum gewaltsamen Tod des 39-jährigen Mannes in der Morgendämmerung des 9. April 1945.

Gemeinschaft

Von den kindlichen Spielen im großen, umzäunten Garten über die gemeinschaftlichen Erfahrungen der Familie in der Natur, im Grunewald und im Harz, in der Heide und an der See führt eine Linie zu Dietrichs Lebensfrage, wie sich – zunächst seine eigene – Individualität und das Leben in einer menschlichen, von Freiheit und wechselseitiger Achtung beseelten „Gemeinschaft" gestalten und also auch zusammen denken ließen.

Wie kommt der einzelne Mensch ganz zu seinem Recht, kann er sich selbst „behaupten", ohne dass darunter die „Gemeinschaft" mit den anderen Menschen und die „Verantwortung" „für andere" Menschen, für deren „Anspruch" leiden oder zerbrechen müsste?[55] Bonhoeffers Sehnsucht nach „Gemeinschaft" ist zugleich die Frage nach der eigenen Identität, beides miteinander verknüpft. Besonders in den Gefängnisbriefen, bedingt durch die erzwungene Isolation, stellte er deutlicher als in den Jahren zuvor die Frage nach sich selbst als „Wer bin ich?" (8,513)

Dietrich Bonhoeffers Lehre von der Kirche, sein Verständnis von Jesus Christus als konkreter menschlicher Gemeinschaft („Christus als Gemeinde existierend"; 1,76), von „Nachfolge" als in Freiheit persönlicher „Bindung" an den Gott-Menschen Jesus Christus, ist von den eigenen frühen Erfahrungen her in Gang gesetzt und vorgeprägt. Sein Drängen auf „verantwortliches" Handeln in der und für die Gemeinschaft („für andere"), sein Hang zur „Tat", ist nicht ein Drang, die Welt zu verbessern, ist nicht zuerst moralische Forderung, sondern der geradezu selbstverständliche Wunsch, das, was er in seiner Kindheit, wie von „guten Mächten" geführt, konkret erfahren hatte, in das Leben außerhalb des umgrenzten Paradiesgartens der Kindheit, in Kirche und Gesellschaft zu überführen.

„Von guten Mächten wunderbar geborgen" zu sein, sollte – ginge es nach Bonhoeffer – eine Erfahrung für jeden Menschen sein können.[56]

Gottes „Gebot“ zu vernehmen und zu befolgen war für ihn ganz natürlich im glücklichen Familienleben vorgezeichnet in den Erfordernissen eines gelingenden Miteinander von Eltern und Geschwistern, Hausangestellten, Nachbarn und Freunden. „Für andere da zu sein“ hatte für Dietrich etwas Selbstverständliches, Natürliches, Ungezwungenes. Es hieß: glücklich sein zu können mit einander und sinnvoll leben zu dürfen.

Evangelium und Gebot

Die Sorge Martin Luthers, das Evangelium von der Sünde und Schuld vergebenden Liebe Gottes deutlich unterscheiden zu müssen von der vom gleichen Gott geforderten Tat der Nächsten- und Feindesliebe, Evangelium vom Gesetz also abzusetzen, um nicht in „Werkgerechtigkeit“ zu verfallen, teilte Dietrich Bonhoeffer nicht. Anders als die ausgesprochen konfessionell denkenden lutherischen Theologen seiner Zeit hatte Bonhoeffer von Haus aus keine Berührungsängste gegenüber der reformiert-theologischen Umkehrung der traditionell lutherischen Denkungsart von „Gesetz und Evangelium“ in die von Karl Barth ins Spiel gebrachte Formel vom „Evangelium und Gesetz“ bzw. auch dem Gesetz als „Form des Evangeliums“.[57]

Da diese wechselseitige Interpretation von „Evangelium“ und biblischem „Gesetz“ – Bonhoeffer sprach lieber vom „Gebot“ – für Bonhoeffer selbstverständlich war, war er gefeit gegen den Versuch des NS-Staates, zunächst mithilfe der ideologisch deutschtümelnden „Deutschen Christen“, die Kirche zu vereinnahmen und dafür die biblische Botschaft antisemitisch zu verfälschen.

Die Vermischung von biblischen Texten und Begriffen mit der NS-Ideologie konnte dort fast ungehindert stattfinden, wo man aus der Rechtfertigungslehre nach Paulus und Luther eine Botschaft vom „Seelenheil“ gemacht und zusätzlich im Sinne einer neulutherischen „Zwei-Reiche-Lehre“ der „Obrigkeit“ freie Hand gelassen hatte bei der sogenannten „Judenfrage“ und in Bezug auf Hitlers Propaganda von einer durch Eroberungskriege glorreichen Zukunft der „wahren Volksgemeinschaft“.

Ein „deutsch“-christliches „Evangelium“ ließ sich nach Barth und Bonhoeffer aber eben nicht gegen ein „jüdisches“ „Gesetz“ konstruieren. Zum Christsein gehörte, dem Juden Jesus nach Gottes Gebot zu befolgen.

Am Ende seines Lebens sah Bonhoeffer im Grunde keine kirchentrennenden Gründe mehr wenigstens zwischen Lutheranern und Reformierten.

Die konfessionalistisch eingestellten lutherischen „Kirchenführer" haben nach dem Krieg eine lutherische Konfessionskirche aufbauen wollen, ehe auch sie einstimmten in die Leuenberger Konkordie 1973, die zwischen den beteiligten Kirchen (lutherisch, reformiert, uniert) bei bleibender Bindung an die je eigenen Bekenntnistraditionen die Kirchengemeinschaft feststellte.

Von guten Mächten

Weit über die Grenzen von Kirche und Theologie hinaus ist er bekannt geworden durch sein letztes uns erhaltenes Gedicht und dessen letzter Strophe:

> Von guten Mächten treu und still umgeben,
> behütet und getröstet wunderbar, –
> so will ich diese Tage mit euch leben
> und mit euch gehen in ein neues Jahr.
>
> Noch will das alte unsre Herzen quälen,
> noch drückt uns böser Tage schwere Last.
> Ach Herr, gib unsern aufgeschreckten Seelen
> das Heil, für das Du uns geschaffen hast.
>
> Und reichst Du uns den schweren Kelch, den bittern,
> des Leids, gefüllt bis an den höchsten Rand,
> so nehmen wir ihn dankbar ohne Zittern
> aus Deiner guten und geliebten Hand.
>
> Doch willst Du uns noch einmal Freude schenken
> an dieser Welt und ihrer Sonne Glanz,
> dann woll'n wir des Vergangenen gedenken,
> und dann gehört Dir unser Leben ganz.
>
> Lass warm und hell die Kerzen heute flammen,
> die Du in unsre Dunkelheit gebracht,
> führ, wenn es sein kann, wieder uns zusammen!
> Wir wissen es, Dein Licht scheint in der Nacht.
>
> Wenn sich die Stille nun tief um uns breitet,
> so lass uns hören jenen vollen Klang
> der Welt, die unsichtbar sich um uns weitet,
> all Deiner Kinder hohen Lobgesang.

> Von guten Mächten wunderbar geborgen
> erwarten wir getrost, was kommen mag.
> Gott ist bei uns am Abend und am Morgen
> und ganz gewiß an jedem neuen Tag.
> (8,607f.)

Den vorletzten uns erhaltenen Brief schrieb Dietrich Bonhoeffer zu Weihnachten 1944 an Familie und Braut. Maria von Wedemeyer (1924–1977) war mittlerweile in die Familie aufgenommen und wohnte in Dietrichs Zimmer unterm Dach. So auch Weihnachten 1944. Es war der letzte Liebesdienst, den Dietrich den Eltern und Maria leisten konnte. Er dankte mit dem Gedicht von den „guten Mächten“ seinen Eltern für die Erfahrungen seiner Kindheit insbesondere zur Weihnachtszeit, für ihre Liebe und für alles, was sie ihren Kindern an Begleitung und gutem Geist hatten zukommen lassen. Und er segnete alle, für die sein Gedicht bestimmt war, mit den berühmt gewordenen Worten.

Die siebte, letzte Strophe des Gedichts wurde die bekannteste. Tatsächlich ist sie in Bonhoeffers Gedicht nicht ein Refrain des Gedichts, ein wiederkehrendes Thema, sondern der Gipfel, auf den die sechs Strophen davor in Wellenbewegung zulaufen.

In Bonhoeffers Text erlebt das lyrische Ich „Widerstand und Ergebung“ (8,333f.). Das Gedicht verbindet (1.) die Bitte an Gott um das Wunder der Befreiung, um Rettung vor fast sicherem baldigen Tod, mit (2.) einer unterschwelligen Botschaft insbesondere an die Familie und die Braut Maria von Wedemeyer, auch den gegenteiligen Ausgang der derzeitigen Notlage aus Gottes Hand zu nehmen und dann den Tod der Geliebten zu überleben.

„Führ, wenn es sein kann, wieder uns zusammen ...“ bedeutet umgekehrt: Führe uns in unserem jeweiligen Leben weiter, wenn es eben nicht gemeinsam sein kann. Bonhoeffer hat bei den „guten Mächten“ an das ihm von Kindheitstagen her vertraute Kinderlied von den Engeln gedacht („zweie die mich decken, zweie die mich wecken“, Engelbert Humperdinck. Vgl. Brief an Maria, Brautbriefe,208).

Er glaubte an Gottes Führung im eigenen Lebenslauf. In einem anderen Brief an Maria zitierte Bonhoeffer Gottfried Arnold, dessen von Bonhoeffer zitiertes Gedicht so endet: „Drum muß die Kreatur mir immer dienen, / kein *Engel* schämt nun der Gemeinschaft sich; / die *Geister*, die vor dir vollendet grünen, / sind meine Brüder und erwarten mich. / Wie oft erquicket meinen Geist ein Herz, / das dich und mich und alle Christen liebt! / Ist's möglich, dass mich etwas noch betrübt? / Komm, Freudenquell, weich ewig, aller Schmerz!" (Henkys[58],268).

Was in seiner Kindheit in ähnlicher Form ein Einschlaflied, ein Abendgebet und Abendsegen in einem war, dichtete Bonhoeffer nun um als einen Segen für die, die Krieg und Todesbedrohung überleben würden. So bleibt er im kulturellen Gedächtnis als „Bonhoeffer - der mit dem Lied".[59]

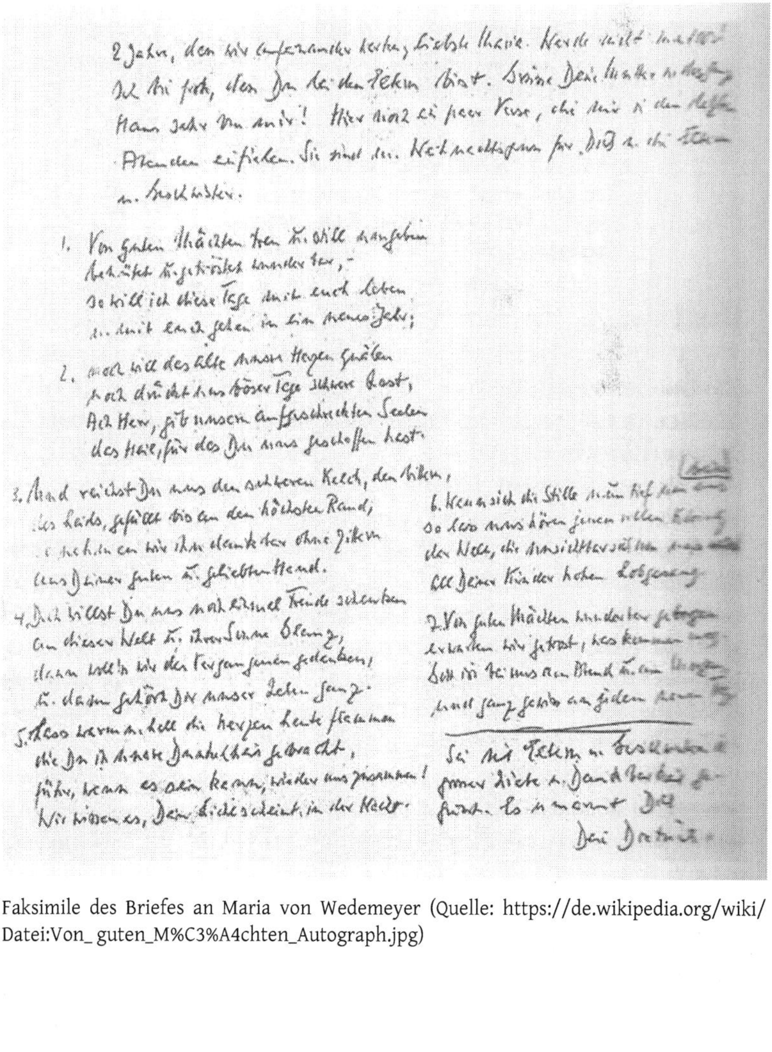
1. Von guten Mächten treu und still umgeben
behütet und getröstet wunderbar, -
so will ich diese Tage mit euch leben
und mit euch gehen in ein neues Jahr;

2. noch will das alte unsre Herzen quälen,
noch drückt uns böser Tage schwere Last,
Ach Herr, gib unsern aufgeschreckten Seelen
das Heil, für das Du uns geschaffen hast.

3. Und reichst Du uns den schweren Kelch, den bittern,
des Leids, gefüllt bis an den höchsten Rand,
so nehmen wir ihn dankbar ohne Zittern
aus Deiner guten u. geliebten Hand.

4. Doch willst Du uns noch einmal Freude schenken
an dieser Welt u. ihrer Sonne Glanz,
dann woll'n wir des Vergangenen gedenken,
u. dann gehört Dir unser Leben ganz.

5. Lass warm u. hell die Kerzen heute flammen,
die Du in unsre Dunkelheit gebracht,
führ, wenn es sein kann, wieder uns zusammen!
Wir wissen es, Dein Licht scheint in der Nacht.

6. Wenn sich die Stille nun tief um uns breitet,
so lass uns hören jenen vollen Klang
der Welt, die unsichtbar sich um uns weitet,
all Deiner Kinder hohen Lobgesang.

7. Von guten Mächten wunderbar geborgen
erwarten wir getrost, was kommen mag.
Gott ist mit uns am Abend u. am Morgen
und ganz gewiss an jedem neuen Tag.

Sei mit Eltern u. Geschwistern in ganz großer Liebe u. Dankbarkeit gegrüßt. Es umarmt Dich
Dein Dietrich.

Faksimile des Briefes an Maria von Wedemeyer (Quelle: https://de.wikipedia.org/wiki/Datei:Von_ guten_M%C3%A4chten_Autograph.jpg)

„Nach zehn Jahren“ (Ende 1942)

Bonhoeffers Mansardenzimmer in der Marienburger Allee 43. An diesem Schreibtisch schrieb er „Nach zehn Jahren“. (Foto: B. V.)

Es gab Warnungen vor den Nachstellungen der Geheimen Staatspolizei (Gestapo). In Bonhoeffers offizieller militärischer Dienststelle, der militärischen Spionageabwehr der Wehrmacht bei Admiral Canaris, war man informiert. Bevor Dietrich Bonhoeffer am 5. April 1943 verhaftet, in das Wehrmachtsuntersuchungsgefängnis Berlin-Tegel eingeliefert und am 21.9.1943 wegen „Zersetzung der Wehrkraft“ angeklagt wurde, traf er in Abstimmung mit seinem Schwager, dem führenden Kopf der Widerstandsgruppe im „Amt Canaris“, Hans von Dohnanyi, Vorkehrungen. Im Fall der Verhaftung sollten fingierte Briefe „beweisen“, dass Bonhoeffer auf eigenes Ersuchen hin in den Dienst der Wehrmacht eingetreten sei, um Führer und Vaterland zu dienen.

Seinen zur Jahreswende 1942/43 geschriebenen Rechenschaftsbericht, „Nach zehn Jahren“ genannt wegen seiner ersten Überschrift, hat

Bonhoeffer nur Eberhard Bethge, Hans von Dohnanyi und Hans Oster als eine Art Weihnachts- bzw. Silvester-Besinnung persönlich überreicht.[60]

Eine Textur von Texten

Wir besitzen nur ein einziges maschinenschriftliches Exemplar, vermutlich das Original, welches Bonhoeffer spätestens unmittelbar vor seiner Verhaftung hinter den Dachsparren auf dem Boden des Hauses in der Marienburger Allee versteckte und das wunderbarerweise vor der Gestapo unentdeckt blieb.

Die Überschriften lauten der Reihenfolge nach: „Nach zehn Jahren" – „Ohne Boden unter den Füßen" – „Wer hält stand?" – „Civilcourage?" – „Vom Erfolg" – „Von der Dummheit" – „Menschenverachtung" – Immanente Gerechtigkeit" – „Einige Glaubenssätze über das Walten Gottes in der Geschichte" – „Vertrauen" – „Qualitätsgefühl" – „Mitleiden" – „Vom Leiden" – „Gegenwart und Zukunft" – „Optimismus" – „Gefährdung und Tod" – „Sind wir noch brauchbar?" – „Der Blick von unten" (8,19ff.).

Bonhoeffer beginnt und endet seine Text-Kompilation beim sehr persönlichen Erleben: „Zehn Jahre sind im Leben jedes Menschen eine lange Zeit ...", bzw.: „Es bleibt ein Erlebnis von unvergleichlichem Wert, daß wir die großen Ereignisse der Weltgeschichte einmal von unten [...] sehen gelernt haben." Auch der auf den ersten Abschnitt folgende beginnt persönlich: „Ob es jemals in der Geschichte Menschen gegeben hat, die in der Gegenwart so wenig Boden unter den Füßen hatten [...] wie wir ...?", bevor er dann, vergleichsweise distanziert, mit einem im eigentlichen Sinn ethischen Thema beginnt: „Die große Maskerade des Bösen hat alle ethischen Begriffe durcheinander gewürfelt ..." (Abschnitt: „Wer hält stand?"). Weiterhin behandelt er philosophische und politisch-ethische Inhalte und Begriffe, wie sie sicherlich in Gesprächen mit Familie und Freunden und mit den Mitverschwörern vorhandelt worden sind: „Civilcourage?", „Vom Erfolg", „Von der Dummheit", „Immanente Gerechtigkeit".

Wie eingestreut in ein Kaleidoskop, in Wirklichkeit einem Gespräch der Freunde nachempfunden, erscheinen Themen und Überschriften wie „Menschenverachtung", „Vertrauen", „Qualitätsgefühl", „Gefährdung und Tod", welche Überschriften auf persönliche Haltungen und Wertsetzungen zu den großen Themen des menschlichen Lebens hinweisen und dabei teilweise in das Biografische weisen.

Gegen Ende des im Original 14-seitigen Typoskripts häufen sich die spezifisch christlichen resp. theologischen Abschnitte: „Mitleiden“, „Vom Leiden“, „Gegenwart und Zukunft“. „Gefährdung und Tod“. Gerade die letztgenannte Thematik des „Todes“ hätte Bonhoeffer im engeren Sinn theologisch auffassen und verarbeiten können. Der Wortlaut speziell dieses Abschnitts spricht insgesamt aber keine spezifisch theologische Sprache. Typisch für Bonhoeffer; denn bei seiner Abfassung hat er Christen und Nichtchristen im Blick.

Menschen unterschiedlichen Glaubens, unterschiedlicher Religiosität stehen in gemeinsamer Bewährung. Die weltanschaulichen Differenzen innerhalb der Gruppe werden unwichtig angesichts gemeinsamer Praxis. Bonhoeffer wird im Gefängnis weiter über die Zusammenhänge von Glauben, Religion und persönlicher Lebenshaltung nachdenken und darüber, was seine Erfahrungen in der Konspiration und im Gefängnis theologisch für das Verständnis der großen christlichen Bekenntnis- und Lehrbegriffe bedeuten. Im Gefängnis konnte er die Gefährten an seiner Seite, im Hinterkopf wohl auch der Vater und der älteste Bruder Karl-Friedrich, als „unbewusste Christen“ bezeichnen (vgl. 8,545,547,582). Von Gott in Jesus Christus zu sprechen musste aus seiner Sicht die ganze Welt und alle Menschen umfassen. Die Menschen gehören zu Gott, ob sie das wissen oder nicht: „Das letzte Geheimnis jedes Menschen heißt – Gott; das sollen wir ihm lassen.“ (7,47)

Die letzten beiden Abschnitte „Sind wir noch brauchbar?“ und „Der Blick von unten“ sind in ihrer Konzeption und in ihrem Sprachduktus ebenfalls nicht spezifisch theologisch gefasst. Es sind Reflexionen, wie sie in verschiedenen Kreisen des Widerstands oft vorgekommen sein dürften: Was macht unsere Beteiligung an der Konspiration aus uns als Menschen? Wer wurden wir, die wir uns in der Kunst der Lüge und der Verstellung üben mussten, um unsere Sache, uns selbst und das Leben anderer nicht zu gefährden? Wird man uns in einer besseren Zukunft unsere persönliche Integrität noch glauben? Sind wir objektiv wie subjektiv überhaupt noch „brauchbar“?

Im „Blick von unten“ gelingt Bonhoeffer in wenigen Zeilen ein besonders prägnantes Kunststück im Sinne dessen, was er 1½ Jahre später „weltliche“ bzw. „nicht-religiöse“ Interpretation biblischer und theologischer Begriffe nennen wird.

„Es bleibt ein Erlebnis von unvergleichlichem Wert, daß wir die großen Ereignisse der Weltgeschichte einmal von unten, aus der Perspektive der Ausgeschalteten, Beargwöhnten, Schlechtbehandelten, Machtlosen, Unterdrückten und Verhöhnten, kurz der Leidenden sehen gelernt haben.[...] Es kommt nur darauf an, daß diese Perspektive von unten nicht zur Parteinahme für die ewig Unzufriedenen wird, sondern daß wir aus einer höheren Zufriedenheit, die eigentlich jenseits von oben und unten begründet ist, dem Leben in allen seinen Dimensionen gerecht werden, und es so bejahen.“ (8,38f.).

Was sollte diese höhere Zufriedenheit sein und was sie begründen? Der Glaube an Gott? Ziel des Gedankens ist, „dem Leben in allen seinen Dimensionen gerecht [zu] werden, und es so [zu] bejahen“ (ebd.). Diese Argumentation ist bereits ein Beispiel für die von ihm später so genannte „nicht-religiöse“ bzw. „weltliche“ Interpretation der biblischen und theologischen Begriffe (8,537,405).

„Walten Gottes in der Geschichte“

Der kleine Text über „Einige Glaubenssätze über das Walten Gottes in der Geschichte“ steht als neunter in der Mitte der insgesamt achtzehn Texte. Der Abschnitt bindet Rückschau und Ausblick zusammen in dem Glauben an Gottes Handeln („Walten“) in der Geschichte.[61]

Zu Bonhoeffers Zeit hatte die Redewendung vom „Walten Gottes“ eine spezifisch kritische Spitze gegen die Propaganda der Nationalsozialisten. Hitler galt jedenfalls in der Anfangszeit bis tief in kirchliche Kreise als auserwählter, im Dienst der „Vorsehung“ waltende „Führer“. Dagegen steht bei Bonhoeffer Gottes „Walten“, nicht in der Kirche, in den Seelen, im Religiösen, sondern „in der Geschichte“!

Mochte es zeitweilig so erscheinen sein, als triumphiere der sich selbst zum Götzen machende „Übermensch“ Nietzsches (6,81) in Hitlers Kriegen, konnten der Verfasser und die Adressaten von „Nach zehn Jahren“ zur Jahreswende 1942/43 längst absehen, dass der Krieg für Deutschland verloren war. Gott würde Gottes Willen für die Welt nicht erst jenseits der Geschichte und unseres Lebens, sondern mitten in der menschlichen Geschichte zum Ziel führen, in der das göttliche Gesetz einer „immanente(n) Gerechtigkeit“ waltet:

„Es gehört zu den erstaunlichsten, aber zugleich unwiderleglichsten Erfahrungen, daß das Böse sich – oft überraschend in einer überraschend kurzen Frist – als dumm und unzweckmäßig erweist. Damit ist nicht gemeint, daß jeder einzelnen bösen Tat die Strafe auf dem Fuße folgt, aber daß die prinzipielle Aufhebung der göttlichen Gebote im vermeintlichen Interesse der irdischen Selbsterhaltung gerade dem eigenen Interesse dieser Selbsterhaltung entgegenwirkt. [...] Die immanente Gerechtigkeit der Geschichte lohnt und straft nur die Tat, die ewige Gerechtigkeit Gottes prüft und richtet die Herzen" (8,29f.).

„Ich glaube, dass ..."

Vier Mal setzt Bonhoeffer ausdrücklich mit *„Ich glaube, dass"* ein:

Erstens: „Ich glaube, daß Gott aus allem, auch aus dem Bösesten, Gutes entstehen lassen kann und will. Dafür braucht er Menschen, die sich alle Dinge zum Besten dienen lassen."

Zweitens: „Ich glaube, daß Gott uns in jeder Notlage soviel Widerstandskraft geben will, wie wir brauchen. Aber er gibt sie nicht im voraus, damit wir uns nicht auf uns selbst, sondern allein auf ihn verlassen. In solchem Glauben müßte alle Angst vor der Zukunft überwunden sein."

Drittens: „Ich glaube, daß auch unsere Fehler und Irrtümer nicht vergeblich sind, und daß es Gott nicht schwerer ist, mit ihnen fertig zu werden, als mit unseren vermeintlichen Guttaten."

Viertens: „Ich glaube, daß Gott kein zeitloses Fatum ist, sondern daß er auf aufrichtige Gebete und verantwortliche Taten wartet und antwortet."

„[...] Gott aus allem ..."

Auffällig ist das Fehlen eines expliziten Christusbezuges durch den gesamten Abschnitt. Dennoch, sagt Kai-Ole Eberhardt, „... machen der Kontext des Rechenschaftsberichts und Referenzen zu Bonhoeffers Ethik klar, dass die Christologie die Mitte seiner Providenzlehre [Lehre von der göttlichen Vorsehung, B. V.] darstellt. Nur von der Christologie aus will Bonhoeffer klassische Elemente der Gotteslehre wie Allmacht und Providenz entfalten. Aber Gott als der Schöpfer und Lenker der Geschichte bleibt Bonhoeffer Garant für die das Gute zu seiner Vollendung bringende, eschatologisch verstandene Grundstruktur der Wirklichkeit und damit der christlichen Hoffnung schlechthin. Christinnen und Christen dürfen sich (durch Christus) als Werkzeuge Gottes bei diesem Prozess verstehen. Ohne das Vertrauen auf Gottes Providenz jedoch wären sie nicht in der Lage, aus ihrer Hoffnung heraus die Geschichte zuversichtlich zu gestalten. Die vier Glaubenssätze sind durch eine Betonung göttlicher Souveränität bei gleichzeitiger Entfaltung des Miteinanders von Gott und Mensch im Geschichtsverlauf gekennzeichnet“ (Kai-Ole Eberhardt[62]).

Eberhardt spricht bei seiner Auslegung der „Glaubenssätze“ von Gott als dem „Schöpfer und Lenker der Geschichte“ sowie von den Christinnen und Christen als von Gottes „Werkzeugen“ (Bonhoeffer: „Dafür braucht er – Gott – Menschen, die sich alle Dinge zum Besten dien lassen“. Dieses „Zusammenspiel von göttlicher Vorsehung und Verantwortungsethik“ nennt Eberhardt einen „Prozess“, ein „Spiel“, die „gleichzeitige(r) Entfaltung“ eines „Miteinanders von Gott und Mensch im Geschichtsverlauf.“

Hinter Bonhoeffers Glaube an die göttliche Lenkung der Geschichte könnte Genesis 50,19f., das Wort aus der Josefs-Novelle stehen:

„Joseph sprach zu ihnen: Fürchtet euch nicht, denn ich bin unter Gott. Ihr gedachtet's böse mit mir zu machen; aber Gott gedachte es gut zu machen, daß er täte, wie es jetzt am Tage ist, zu erhalten viel Volks.“ (Luther 1911)

Tatsächlich steht in Bonhoeffers Konfirmandenunterrichtsplan von 1936 mit wörtlichen Anklängen (!) an die Glaubenssätze: *„Wie wirkt Gott, der Schöpfer, in der erhaltenen Welt?* Er weiß alle Dinge im voraus und wirkt in allen Dingen. Er setzt dem Bösen seine Grenzen und läßt den Seinen alles zum Besten dienen. [-] Mt 10,30 Ps 139,1–3 1 Mos 50,20 R 8,28 Ps 37,5“ (14,802).

Auch im „Entwurf für eine Arbeit“ vom August 1944 (8,556ff.) möchte Bonhoeffer keineswegs auf den Begriff der göttlichen „Allmacht“ und also auf den Glauben an Gottes Walten in der Geschichte verzichten und den Glauben etwa in pure Ethik auflösen. Stattdessen wollte er die klassischen Gottesprädikate konsequent von Jesu „Für-andere-dasein“ bis zum Kreuzestod (vgl. Phil 2) interpretieren. „Das ‚Für-andere-dasein' Jesu ist die Transzendenzerfahrung! Aus der Freiheit von sich selbst, aus dem ‚Für-andere-dasein' bis zum Tod entspringt erst die Allmacht, Allwissenheit, Allgegenwart. Glaube ist das Teilnehmen an diesem Sein Jesu“ (8,558).

Sich alle Dinge zum Besten dienen lassen

Gott „braucht“ Menschen, „die sich alle Dinge zum Besten dienen lassen.“ Bonhoeffer bezieht sich auf Paulus: „Wir wissen aber, dass denen, die Gott lieben, alle Dinge zum Besten dienen, denen, die nach dem Vorsatz berufen sind“ (Röm 8,28 zit. nach Luther 1911).

Der Text heißt wörtlich übersetzt: „Wir wissen, dass denen, die Gott lieben, [sich] alles zum Guten fügt (gr.: synergei = zusammenwirkt), denen, die nach Gottes Beschluss Gerufene sind.“

Bonhoeffer sprach in Bezug auf sein eigenes Leben öfter von der „Führung“ Gottes (8,73f.,333f.,543): „[Gott ...] erhört unsere Gebete und führt uns auf dem besten und geradesten Weg zu sich“). Auch hier dachte er in der Spannung der Zusammengehörigkeit von Vorletztem und Letzten: Gott „erhört“ Gebete für dieses Leben, letztlich aber, indem Gott uns „zu sich“ führt (8,569).

Menschen, die sich von Gott, der sie gerufen hat, in Gebrauch nehmen lassen, werden erfahren, dass sich die Tatsachen ihres Lebens gelegentlich schon mitten im diesseitigen Leben zum Guten fügen, letztlich aber immer zum Besten, indem sie, im Gelingen wie im Scheitern ihrer eigenen Absichten, zu Gott geführt werden.

Können das Menschen, die solchen Glauben nicht teilen, nachvollziehen? Hat Bonhoeffer die Adressaten seines Rechenschaftsberichts fromm vereinnahmt? Ich sehe es eher so: Bonhoeffer wusste seine Eltern und alle Weggefährten in der Gruppe Canaris, denen sein Rechenschaftsbericht gewidmet war, als Gerufene Gottes, ob diese das nun gedanklich oder spirituell mitvollzogen oder nicht. In Menschen wie diesen sah er Gottes Geist in der Welt wirken. Ihnen das zu sagen, hielt er für zumutbar, zumal er mit kritischen Fragen wie mit der Unterstützung von Eltern und Geschwistern rechnete.

Nach dem Krieg mussten die Eltern Bonhoeffer alle ihre Ermordeten betrauen. Karl Bonhoeffer (1868–1948) schrieb:

„Daß wir viel Schlimmes erlebt und zwei Söhne und zwei Schwiegersöhne durch die Gestapo verloren haben, haben Sie, wie ich höre, erfahren. Sie können sich denken, daß das an uns alten Leuten nicht ohne Spuren vorübergegangen ist. Die Jahre hindurch stand man unter dem Druck der Sorge um die Verhafteten und die noch nicht Verhafteten, aber Gefährdeten. Da wir aber alle über die Notwendigkeit zu handeln einig waren und meine Söhne auch sich im Klaren waren, was ihnen bevorstand im Falle des Mißlingens des Komplotts und mit dem Leben abgeschlossen hatten, sind wir wohl traurig, aber auch stolz auf ihre gradlinige Haltung“ (Renate Bethge[63], 86).

Es ist in der heute hysterischen bis depressiven Grundstimmung in Kirche und Gesellschaft nicht ohne Belang, sich solche Zuversicht und Berufungsgewissheit vor Augen zu führen. Mancher freudlose Aktivismus, manche Verzagtheit und vorschnelle Müdigkeit haben ihren Grund in einem mehr als ambivalenten, einem im Grunde porösen Gottes- und Selbstvertrauen. Auch Bonhoeffer hatte ein zeitweilig angefochtenes, gelegentlich auch in Depression eingemauertes, aber zuletzt unbesiegtes Vertrauen, ein tief in seiner Seele wohnendes Bewusstsein, ein von Gott Gerufener zu sein, mit dem Gott redet.

Bonhoeffer - Sölle - Barth

Wenn Gott Menschen „braucht“ für sein Walten (Handeln) in der Geschichte: Hat Gott dann keine anderen Wege, Möglichkeiten, keinen anderen Verstand, keine Hände und Füße als unsere menschlichen? Dorothee Sölle (1929–2003) meinte, insbesondere den Bonhoeffer der Tegeler Briefe genauso auslegen zu müssen, in einer Kultur „nach Auschwitz“, nach der Shoah.

„Dietrich Bonhoeffer spricht in seinen letzten Briefen wiederholt von dieser Ohnmacht Gottes in der Welt, ja ihre Erfahrung kann als der Grund seiner nicht-religiösen Interpretation christlicher Begriffe angesehen werden [...] jener Gott, der wegen des Leidens der Unschuldigen angeklagt wird, ist der Gott der Allmacht, der König, Vater und Herrscher über die Welt. Ihn klagt die Moderne mit Recht an – und alle theologischen Kunststücke, sie zum Schweigen zu bringen durch bloße autoritative Setzung Gottes, der uns verstummen heißt, weil nur er das Recht des Fragens und der Anklage hätte, können die Wahrheit dieser Frage an den allmächtigen Gott nicht ersticken. Will man sie nicht zum Schweigen bringen oder religiös verdrängen, so führt sie zur Absetzung des theistisch verstandenen Gottes. [...] Wenn noch für das 19. Jahrhundert der Schmerz ‚der Felsen des Atheismus‘ ist, so gilt in diesem Jahrhundert, daß nichts uns so sehr auf Gott hinweist wie seine Niederlagen in der Welt. Daß Gott in der Welt beleidigt und gefoltert, verbrannt und vergast wurde und wird, das ist der Fels des christlichen Glaubens, dessen Hoffnung kann nicht vergessen werden. Was den Christen gemeinsam ist, ist ‚das Teilhaben am Leiden Gottes in Christus. Das ist ihr Glaube.‘ [8,537[64], B.V.]. Darin wissen sie, daß Gott ohnmächtig ist und Hilfe braucht. Als die Zeit erfüllt war, hatte Gott lange genug etwas für uns getan. Er setzte sich selber aufs Spiel, machte sich abhängig von uns und identifizierte sich mit uns Nichtidentischen. Es ist nunmehr an der Zeit, etwas für Gott zu tun.“ (Stellvertretung,202ff.)

Sölle wurde von der akademischen Theologie in Deutschland an den Rand gedrängt, teilweise persönlich angefeindet. Später galt sie als Mystikerin, als Poetin. Sie war anerkannt als leidenschaftliche Kämpferin für globale Menschlichkeit. Durchgesetzt hat sie sich letztlich mit ihrer Forderung, angesichts der Katastrophe der Shoah eine ehrliche Rede von Gott zu fordern. Dabei berief sie sich auf Bonhoeffer, aber auch auf alte Traditionen der Mystik. Überliefert wird ein Gebet aus dem 4. Jahrhundert, das in ähnlicher Form von der Mystikerin Teresa von Avila bekannt ist und auf das sich Dorothee Sölle bezog:

„Christus hat keine Hände, nur unsere Hände, um seine Arbeit heute zu tun. Er hat keine Füße, nur unsere Füße, um Menschen auf seinen Weg zu führen. Christus hat keine Lippen, nur unsere Lippen, um Menschen von ihm zu erzählen. Er hat keine Hilfe, nur unsere Hilfe, um Menschen an seine Seite zu bringen.“[65]

Dorothee Sölle formulierte ihre „Nur“s apodiktisch wie Bonhoeffer die seinen, aber noch eindeutiger und einseitiger.

Sölle jedenfalls konnte man kaum vorwerfen, ihre Gedankenführung oder ihr Ausdruck seien irgendwie schwer verständlich, seien „änigmatisch“, wie Karl Barth nach Erscheinen der Gefängnisbriefe über Bonhoeffer äußerte. Barth tat sich mit dem späten Bonhoeffer schwer:

„Mußte man ihm nicht immer vorgeben, daß er sich gewiß ein anderes Mal und in anderem Zusammenhang noch klarer und konziser äußern, evtl. sich zurücknehmen, evtl. weiter vorstoßen werde? Nun hat er uns mit den änigmatischen Äußerungen seiner Briefe allein gelassen – nach mehr als einer Stelle eigentlich deutlich verratend, daß er zwar ahnte, aber noch keineswegs wußte, wie die story nun eigentlich weitergehen solle ...“ (MW I,121).[66]

Weder Sölle noch Barth werden Bonhoeffers Denkweise gerecht. Beide dachten programmatisch. Bonhoeffers „Programm“ war aber die systematische Durchkreuzung jedes Programmatischen. Er war immer wieder skeptisch gegenüber den eigenen Erkenntnissen. Er fand den gedanklichen Weg zu Gott und Welt im jeweils gegebenen Augenblick, beim

Lesen eines Bibeltextes, im Gespräch, auch in Meditation und Gebet, je „heute“.

Im Zusammenhang seines ökumenischen Engagements sagte er 1932 in Bezug auf das konkrete Gebot Gottes: „Die Kirche darf also keine Prinzipien verkündigen, die immer wahr sind, sondern nur Gebote, die heute wahr sind. Denn, was ‚immer‘ wahr ist, ist gerade ‚heute‘ nicht wahr: Gott ist ‚immer‘ gerade *‚heute‘ Gott*“ (11,332).

Bonhoeffer kam die Frage nach einer deutlichen Unterscheidung in Bezug auf das Handeln Gottes und der Menschen in der Geschichte kaum in den Sinn. Er sah keine theologische Notwendigkeit darin, in aller Deutlichkeit stets und vor allem das rechtfertigende Handeln Gottes vom menschlichen Handeln begrifflich scharf zu trennen. Luthers Sorge vor der Werkgerechtigkeit teilte er kaum. Sein Seelenheil interessierte ihn nur beiläufig.

Bonhoeffer wusste bereits genug von dem Schrecken der Shoah; aber ihn reizte nicht – wie Sölle – ein Kampf gegen eine „theistische“ Rede von Gott. Er ging wie Sölle von einer einzigen Wirklichkeit aus. Er empfand sich zugleich als Kind dieser Erde und als Kind des Himmels, erlebte und dachte die Gottes- in der Weltwirklichkeit und nannte dieses Miteinander in seiner Ethik die „Christuswirklichkeit“ (6,39ff.,43ff.).

Während Dorothee Sölle aber aus der Infragestellung des christlichen Glaubens durch die Shoah, aus der ultimativen Anfechtung heraus, fühlte, dachte und handelte, lebte Bonhoeffer allen seinen Anfechtungen zum Trotz bis zum Ende in einem letztlich ungebrochenen Gottvertrauen. Sein Gott im Menschen Jesus war bereits ganz „unten“. Dieser Gott hatte sich aus Liebe hingegeben. Bonhoeffer sah keine Notwendigkeit, einen himmlischen Potentaten, einen omnipotenten Männergott vom Thron zu stürzen. Dietrich Bonhoeffer war, mehr als er das selbst gelegentlich wahrnahm, im Grunde ein Idealist im besten Sinne. Seine Generation hatte den 1. Weltkrieg überlebt und in wenigen Familien und Kreisen die Lehren daraus gezogen. Die Erschütterung alter Gewissheiten war ihm in Fleisch und Blut übergegangen. Doch es gab noch das Wissen von geschichtlicher Kontinuität mit den Geistern der deutschen Klassik und Romantik, auch noch mit deren Bemühen um das geistige Erbe von Renaissance und Antike. Es gab noch die Erinnerung an einen durch alle Katastrophen der Geschichte hindurch wirksamen Weltgeist (Hegel). Bonhoeffers Begriff von „Gottes Walten in der Geschichte“ ist nicht allzu weit entfernt von Hegels gedanklich gesicherter Zuversicht.

Bonhoeffer kämpfte nicht um seine Glaubensgewissheit oder die reine lutherische Lehre. Anders als Karl Barth hatte er auch kein Interesse, ein stabiles theologisches Gebäude zu errichten und abzusichern. Anders als Sölle testete Bonhoeffer nicht die Gewissheit seines Glaubens an der Frage der Theodizee. Er ging einfach hinter Jesus her. Er ging in die „Nachfolge" und blieb dabei.

Das Buch „Nachfolge"

Um zu verstehen, was Bonhoeffer damit meinte, dass Gott Menschen „braucht", müssen wir ungefähr fünf Jahre zurückgehen und in sein Buch „Nachfolge" einsteigen: „Was wird über den Inhalt der Nachfolge gesagt? Folge mir nach, laufe hinter mir her! Das ist alles. Hinter ihm hergehen, das ist etwas schlechthin Inhaltloses. Es ist wahrhaftig kein Lebensprogramm, dessen Verwirklichung sinnvoll erscheinen könnte, kein Ziel, kein Ideal, dem nachgestrebt werden sollte" (4,56).

Bonhoeffer wird sich später in Tegel vehement gegen jene angeblich modernen Seelsorger äußern, die sich mit einem undifferenzierten Menschenbild und mit einer perfiden Methodik auf die „Kammerdienergeheimnisse" der Menschen stürzen, um bei ihnen religiös zu landen (8,509).

Engführungen

Die schlechthinnige Inhaltlosigkeit von „Nachfolge" als einer persönlichen Beziehung hält Bonhoeffer in seinem gleichnamigen Buch nicht ganz durch. Er möchte im hinteren Teil unter der Überschrift „Die Heiligen" Maßgebliches zur Heiligung der Kirche seiner Zeit sagen, die wie „ein versiegelter Zug im fremden Lande" „durch die Welt" geht (4,276).

Dieses Sprachbild erinnert an den Zug, mit dem Lenin zur Revolution nach Russland fuhr, und ist auf diesem Hintergrund eine Kampfansage an das NS-Regime. Zum Kampf gehören die entsprechend gerüsteten Kämpfer. Zur Kirche gehört die in den neutestamentlichen Briefen beschriebene „Gemeindezucht". Diese beginnt allerdings damit, auf die eigene Gerechtigkeit zu verzichten und Gott allein gerecht sein zu lassen (4,271), führt dann aber in die *„Absonderung von der Welt"* (4,277), erfordert einen bestimmten moralischen *„Wandel"* und die Fähigkeit zum *„Warten"* „auf den Tag Jesu Christi" (ebd.).

Seine Kandidaten konnten und mussten zur Einübung dieser spirituellen Fitness manche in der protestantischen Tradition vergessene Frömmigkeitspraxis ausprobieren. Schriftmeditation, wechselseitige persönliche Beichte, regelmäßige Abendmahlsfeiern waren eingebettet in ein „gemeinsames Leben“, zu dem bei aller Arbeit auch Sport und Spiel gehörten, Singen, Musizieren und baden gehen im Meer. Andererseits gehörten gelegentlich rigide Ermahnungen in Bezug auf einen restriktiven Umgang mit Sexualität dazu und lernten die Kandidaten durch ihren Seminardirektor auch eine problematisch unkritische Auslegung neutestamentlicher Paränesen, als wären die Texte genauso für sie und ihre Zeit geschrieben. In seiner „Nachfolge“ verengt Bonhoeffer hier und da den Blick auf Christus, indem er dann doch zu viel weiß, wie „der Christ“ zu sein, zu fühlen und zu leben hat:

„Der Christ ist keusch, er gibt seinen Leib ganz in den Dienst des Leibes Christi. Er weiß, daß mit dem Leiden und Sterben Christi am Kreuz auch sein Leib getroffen und dem Tode anheim gegeben ist. Die Gemeinschaft mit dem gemarterten und verklärten Leibe Christi befreit den Christen von der Zuchtlosigkeit des leiblichen Lebens. Die wilden leiblichen Begierden sterben täglich in dieser Gemeinschaft. In Zucht und Enthaltsamkeit dient der Christ mit seinem Leib allein der Auferbauung des Leibes Christi, der Gemeinde. Er tut das auch in der Ehe und macht sie dadurch selbst zu einem Stück des Leibes Christi.“ (4,281)

Später wird Bonhoeffer das Leben im „Vorletzten“ neu würdigen und in den Vordergrund stellen. Das Alte Testament wird ihm dabei fast wichtiger als das Neue. Er betont nun, dass das Hohelied des Alten Testaments als ein irdisches Liebeslied gelesen werden müsse und gegen die kirchliche Tradition eben nicht im übertragenen Sinne (allegorisch) als ein „Lied“ zwischen Christus und der menschlichen Seele. An Bethge schreibt er am 2.6.1944: „Über das Hohe Lied schreibe ich Dir nach Italien. Ich möchte es tatsächlich als irdisches Liebeslied lesen. Das ist wahrscheinlich die beste ‚christologische‘ Auslegung.“ (8,460)

Bonhoeffer will nun keineswegs mehr die „Ehe“ „zu einem Stück des Leibes Christi“ machen. Er erkennt vielmehr das eigene Recht von Ehe, darüber hinaus von Liebe und Begehren an. Mehr noch: „Christologisch“, d. h. in Bezug auf die Bedeutung Jesu Christi für Christen und Christinnen, ist ihm nun gerade nicht vor allem wichtig, die „leiblichen Begierden“ täglich zu töten („Nachfolge“), sondern im Respekt vor der eigenen Leiblichkeit den Glauben an Jesus Christus zu leben.

Wegen der moralischen Zuspitzungen und der zugrunde liegenden theologischen Engführungen sieht Bonhoeffer später in Tegel „deutlich" die „Gefahren" seines Buches: „Ich dachte, ich könnte glauben lernen, indem ich selbst so etwas wie ein heiliges Leben zu führen versuchte. Als das Ende dieses Weges schrieb ich wohl die „Nachfolge". Heute sehe ich die Gefahren dieses Buches, zu dem ich allerdings nach wie vor stehe, deutlich." (8,542)

Die „Situation, in der geglaubt werden kann"

Bonhoeffers „Nachfolge" ist in ihren besten Teilen Bibelauslegung in praktischer Anwendung auf die Situation der Bekennenden Kirche in großer Bedrohung. Er nimmt dafür die Gestalt des Petrus in den Blick (4,50f.,77ff.) mit dem sozusagen synchronistischen, d. h. die Zeiten und Kontexte überbrückenden Fokus auf die damalige Situation der ersten Jünger und zugleich die Gegenwart der bedrängten Kirche.

Die biblischen Erzählungen waren für Bonhoeffer die entscheidenden Hintergrundfolien, auf denen für die Gegenwart erst deren entscheidende Konturen sichtbar werden. Bibellesen war für Bonhoeffer niemals eine in dem Sinne „religiöse" Angelegenheit, dass die Lesenden dabei in fremde Welten abtauchten, Im Gegenteil: Sie kommen durch das Lesen der Bibel, in der „Nachfolge": beim Lesen der Bergpredigt Jesu, in ihrer Gegenwart erst an.

Mit Blick auf Petrus fand es Bonhoeffer offensichtlich, dass dieser Mensch tatsächlich auf den Ruf Jesu hin sein Leben änderte, seinen Beruf aufgab, seine Familie jedenfalls zeitweilig verließ und damit „gehorsam" war: „Der Begriff einer Situation, in der geglaubt werden kann, ist nur die Umschreibung des Sachverhalts, in dem die folgenden zwei Sätze gelten, die in gleicher Weise wahr sind: *„Nur der Glaubende ist gehorsam,* und *nur der Gehorsame glaubt*" (4,52).

Dieses existenzielle Grundmuster des „Glaubens" steht in einer gewissen Weise auch im Hintergrund der Formulierung von Ende 1942, dass Gott Menschen „braucht", „die sich alle Dinge zum Besten dienen lassen". Zusätzlich müssen wir Bonhoeffers persönliche Wendung zur „Welt" und zum „Weltlichen" in Betracht ziehen. Damit bekommen Sätze aus der „Nachfolge", z. B. die vom existenziellen Zirkel von „Glauben" und „Gehorsam" ihre neue Färbung und mehr als das. Bonhoeffer sagt Ende 1942 oder 1944 nur scheinbar (fast) das gleiche wie 1937. In wesentlichen Zügen sagt er das Gegenteil. Man muss genau lesen.

Am 25. Juni 1942 schreibt er an Bethge:

„Meine in der letzten Zeit doch stark auf dem weltlichen Sektor liegende Tätigkeit [in der Konspiration, B. V.] gibt immer wieder zu denken. Ich wundere mich, daß ich tagelang ohne die Bibel lebe und leben kann [...] ich spüre, wie in mir der Widerstand gegen alles ‚Religiöse' wächst. Oft bis zu einem instinktiven Abscheu. Ich bin keine religiöse Natur. Aber an Gott, an Christus muß ich immerfort denken, an Echtheit, an Leben, an Freiheit und Barmherzigkeit liegt mir sehr viel. Nur sind mir die religiösen Einkleidungen so unbehaglich. Verstehst Du?" (16,325)

Die Tätigkeit „auf dem weltlichen Sektor", d. h. in der Konspiration, veränderte die Perspektive. „Gott" und „Echtheit" kommen auf dieselbe Ebene. Bonhoeffer wird gewusst haben, dass zur Echtheit die Gefühle gehören, die eigene Person und das menschliche Leben.

Bonhoeffer war „religiös", wenn man darunter verstehen wollte: ein Mensch mit einem Gespür für und einer Sehnsucht nach dem „Ganzen". Er war es ganz bestimmt nicht, wenn man darunter verstehen wollte: ein Mensch, der jedes Erleben und jeden Gedanken „religiös" „einkleiden" müsste, statt „echt" zu leben und Gott eben genau darin und nur darin zu glauben oder auch gelegentlich zu spüren. Gott „braucht" Menschen, die in Bonhoeffers Sinn „echt" sein können statt „religiös". Die Neuentdeckung des Alten Testaments stand ihm Ende 1942 z. T. noch bevor. In seiner Person aber war diese in Gott gegründete Weltlichkeit Ende 1942 bereits persönliche Lebenseinstellung und Haltung. So findet in Tegel seine ausdrückliche Zuspitzung, was er bereits Ende 1942 formulierte.

Alttestamentlich denken und empfinden

„Ich spüre übrigens immer mehr, wie alttestamentlich ich denke und empfinde; so habe ich in den vergangenen Monaten auch viel mehr Altes Testament als Neues Testament gelesen. [...] Wer zu schnell und zu direkt neutestamentlich sein und empfinden will, ist m. E. kein Christ [...]. Wir leben im Vorletzten und glauben das Letzte, ist es nicht so?" (8,226)

Das „alttestamentliche" Denken und Empfinden (!) erlaubte Bonhoeffer offensichtlich – vielleicht in dieser Deutlichkeit zum ersten Mal nach langer Zeit, vielleicht nach der Kindheit – das Erlebnis einer Differenz im existenziellen Zirkel von „Leben" („Gehorsam") und „Glauben".

Diese Entwicklung ist nicht hoch genug einzuschätzen in ihrer Bedeutung, um den „späten“ Bonhoeffer zu verstehen.

Seinen Anfang nahm diese Erlaubnis zur Selbstdifferenz zwischen dem Leben im „Vorletzten“ und „das Letzte“ „glauben“ auf dem ethischem Gebiet: Täglich mussten die Konspirateure Gefühle, Gedanken, Taten, sogar ihr äußeres Erscheinungsbild bewusst gestalten, je nach Situation auch anders. Sie mussten in der Kunst des Verbergens und Verhüllens, der zweideutigen Rede, der Camouflage – Bonhoeffer spricht von den „Künsten der Verstellung“ – Meister werden. Bonhoeffer reflektiert das in „Nach zehn Jahren“ und fragt:

„Sind wir [die wir diese Camouflage jahrelang als eine Art zweite Natur eintrainiert haben, in einer Zukunft nach Hitler, B. V.] noch brauchbar?“ (8,38)

Die so persönliche wie theologische Konsequenz ist für Bonhoeffer, dieses persönliche Erlebnis notwendiger Verstellungskünste in seinen Glauben zu integrieren. Er spricht darum von Gott „in den Tatsachen“ (8,288). Damit erlangt der Glaube an diesen Gott die Fähigkeit, in den Widersprüchen und Brüchen des Lebens, ja: selbst in Schuld und Sünde Gott am Werk zu glauben. Wir können ergänzen: Aus dieser neu gewonnenen Perspektive ist auch der Zirkel von „Glauben“ und „Gehorsam“ nicht das letzte Wort, das Bonhoeffer zur „Nachfolge“ zu sagen hatte. Das letzte Wort liegt vielmehr allein bei dem Gott, der selbst den „ungehorsamen“ Sünder ruft, dessen „Gehorsam“ allein darin noch besteht, sich Gott in die Arme zu werfen (21.7.1944).

Gott braucht Menschen, die sich selbst noch die Notwendigkeit von Verstellungskünsten „zum Besten dienen lassen“. Das ist Bonhoeffers Erkenntnis bereits Ende 1942, noch vor seinen kritischen Bemerkungen zur „Nachfolge“ ein Jahr später.

Bonhoeffer fuhr am 2. Advent 1943 in Bezug auf das *Leben* im Vorletzten und *Glauben* des Letzten fort: „Lutheraner (sogenannte!) und Pietisten würden eine Gänsehaut bei diesen Gedanken kriegen, aber richtig ist es darum doch. In der ‚Nachfolge‘ habe ich diese Gedanken nur angedeutet (im ersten Kapitel) und nachher nicht richtig durchgeführt. Das muß nun später geschehen.“ (8,226)

Bonhoeffers Abgrenzung nach beiden Seiten – in Richtung der „sogenannten“ „Lutheraner“ und der „Pietisten“ – zeigt, noch einmal, wie genau man ihn lesen muss. Er kann im selben Zusammenhang zwischen

„Glauben“ und „Leben“ differenzieren. Das bedeutet eine gewisse Selbstkorrektur in Bezug auf seine „Nachfolge“ (s. o.). Und doch bleibt der Grundgedanke im Kern erhalten: Glauben und Leben gehören untrennbar zusammen (gegen die „sogenannten“ „Lutheraner“), dies aber anders als die „Pietisten“ es meinen.

„Sogenannte“ „Lutheraner“ bestehen nach Bonhoeffer darauf, den Glaubensaspekt der „Nachfolge“ so sehr zu betonen, dass dabei der zur „Nachfolge“ dazu gehörende andere Aspekt: der des Gehorsams, praktisch ausfällt. „Sogenannte“ Lutheraner tendieren zur Predigt von der „billigen Gnade“, meinte Bonhoeffer. Sie überlassen darum die „Welt“ sich selbst bzw. den Mächten, die die Welt beherrschen. Sie teilen die eine Wirklichkeit in einen frommen Bereich (Glauben, Seelenheil) und das Weltliche (Gesellschaft, Politik, Ethik): „Billige Gnade ist der Todfeind unserer Kirche. Unser Kampf heute geht um die teure Gnade. Billige Gnade heißt Gnade als Schleuderware, verschleuderte Vergebung, verschleuderter Trost, verschleudertes Sakrament; Gnade als unerschöpfliche Vorratskammer der Kirche, aus der mit leichtfertigen Händen bedenkenlos und grenzenlos ausgeschüttet wird; Gnade ohne Preis, ohne Kosten. [...] Billige Gnade ist Predigt der Vergebung ohne Buße, ist Taufe ohne Gemeindezucht, ist Abendmahl ohne Bekenntnis der Sünden, ist Absolution ohne persönliche Beichte“ (4,29f.).

Später, im Gefängnis, wird Bonhoeffer die Frage nach dem persönlichen Seelenheil als unbiblisch infrage stellen:

„Ist nicht die individualistische Frage nach dem persönlichen Seelenheil uns allen fast völlig entschwunden? [...] ist es nicht im Grunde sogar biblisch? Gibt es im Alten Testament die Frage nach dem Seelenheil überhaupt? Ist nicht die Gerechtigkeit und das Reich Gottes auf Erden der Mittelpunkt von allem? Und ist nicht auch Römer 3,24ff. das Ziel des Gedankens, daß Gott allein gerecht sei, und nicht eine individualistische Heilslehre? Nicht um das Jenseits, sondern um diese Welt, wie sie geschaffen, erhalten, in Gesetze gefaßt, versöhnt und erneuert wird, geht es doch. Was über diese Welt hinaus ist, will im Evangelium *für* diese Welt da sein“ (8,415).

„Sogenannte“ „Lutheraner“ vertreten mit ihrer speziellen Rechtfertigungslehre im Anschluss an Luther und ihre Lesart von Römer 3,24ff. eine individualistische Heilslehre. Sie spiritualisieren. Das „alttestamentliche“ Denken und Empfinden kommt hier nicht zu seinem Recht. Die in Jesus Christus vermittelte *eine* Wirklichkeit der Gottes- und Weltwirklichkeit wird aufgespalten in voneinander getrennte Bereiche. Dagegen stellte Bonhoeffer in der „Ethik“:

„Das *Problem der christlichen Ethik ist das Wirklichwerden der Offenbarungswirklichkeit Gottes in Christus unter seinen Geschöpfen*“ (6,34).

Am 27.Juni 1944 schreibt er an Bethge:

„Das Diesseits darf nicht vorzeitig aufgehoben werden. Darum bleiben N.T. und A.T. verbunden“ (8,501). Statt vom „Diesseits“ spricht Bonhoeffer genauer vom „diesseitigen“ Leben und am 21. Juli 1944 ausdrücklich von der „Diesseitigkeit des Christentums“ (8,541ff.). Mit diesem Begriff kann er präziser als mit den traditionellen Begriffen vom „Diesseits“ und vom „Jenseitigen“ (vgl. 8,551) zum Ausdruck bringen, dass es ihm um eine Wirklichkeit mit diesen beiden Aspekten bzw. auch Dimensionen ging.

Darum war sein persönliches „Ende“ „auch“ „ein Anfang („also a beginning“) – für ihn selbst und für die Welt nach ihm.

„Pietisten“

Bonhoeffers Verhältnis zum deutschen Pietismus war engagiert und ambivalent. Er hatte selbst manche Nähe dazu, sein Herz an Christus zu geben. Im Gefängnis werden ihm die dem Pietismus nahestehenden Lieder Paul Gerhardts im Unterschied zu den Jahren davor lieb und wichtig. Die Distanzlosigkeit aber, mit der seiner Auffassung nach „Pietisten“ sich der Gestalt Jesu nähern und sie für ihr religiöses Gefühl vereinnahmen, war ihm unheimlich (vgl. 13,55). Dazu kam: Das religiöse Gefühl der Pietisten verengte seiner Auffassung nach Leben und Glauben tendenziell auf das Private (6,229).

Die „Pietisten“ werden wohl nach Bonhoeffers neuer Differenzierung von Leben und Glauben ihre „Gänsehaut“ dort bekommen, wo sich der „alttestamentlich“ empfindende Bonhoeffer in jene Differenz von Leben und Glauben wagt, die Pietisten gerade zu schließen wünschen. Ihnen geht es ja um die Auswirkungen des Glaubens auf das alltägliche Leben und dabei um eine Frömmigkeit, die durchdringt bis in das Private und Persönliche, bis in das Gefühlsleben hinein.

Mochte Bonhoeffer selbst in Finkenwalde teilweise ähnlich gedacht haben, und finden sich entsprechende Passsagen auch in seiner „Nachfolge“, so distanziert er sich davon nicht erst[67] jetzt, indem er sich von den „Pietisten“ absetzt. Der Grund, auf dem er nun steht, ist mehr denn je „alttestamentlich“, d. h. so wenig wie nötig von kirchlicher Theologie, so sehr wie möglich vom echten Erleben geprägt. Zum „echten“ Leben aber gehört die Erfahrung der Differenz von Wollen und Vollbringen und von Fühlen und Glauben.

„einfältig“

Gott „braucht“ „einfältige“ Menschen, die mit der vielfältigen Differenzerfahrung klarkommen. Bonhoeffers Glaube war „einfältig“ im Sinne des Menschen Jesus von Nazareth. Gemeint ist der „vollkommene“ Mensch, der nach dem Wortsinn des griechischen Wortes „teleios“ auf sein „Ziel“ zu lebende Mensch nach Jesu Bergpredigt (Mt 5,48[68]). Der einfältige Mensch ist der nicht mehr durch seine Sünde zerrissene Mensch, der Mensch zweier Seelen. Es ist der ein-fältige, der „ganze“ Mensch.

„Nicht Gerissenheit, Bescheid wissen über alle Schliche, sondern allein schlichtes Stehen in der Wahrheit Gottes und ein im Blick auf sie einfältig und klug gewordenes Auge erfährt und erkennt die ethische Wirklichkeit“ (6,64).

„Der ‚Mann mit den zwei Seelen‘ freilich, der ἀνήρ δίψυχος, [aner dipsychos, B. V.], das Gegenbild zu dem Einfältigen, kann nicht erwarten, von Gott Gaben zu empfangen (Jac 1,8[69]). Wer aber einfältig empfängt, wird auch einfältig geben“ (6,321).

„Die Bibel kennt unsere Unterscheidung von Äußerem und Innerem nicht. Was soll das eigentlich auch? Es geht ihr immer um den ἄνθρωπος τέλειος [anthropos teleios, B. V.], den *ganzen* Menschen ...“ (8,511).

Das „letzte Geheimnis“ des ἄνθρωπος τέλειος ist Gott. Gott ist das Geheimnis des *Menschen* und *zugleich* das Geheimnis, das *Gott* ist. Weiter möchte Bonhoeffer das „Geheimnis“ von Gott und Mensch nicht logisch auflösen.

Bonhoeffer wollte das „Geheimnis“ des in der Geschichte handelnden Gottes bewahren, der Mittel und Wege auch über den Menschen hinaus hat und sich doch der Menschen als seiner Werkzeuge, Partnerinnen und Partner bedient, sie „braucht“. Bonhoeffer war sich Gottes Liebe und Vergebung so gewiss wie er andererseits vom Gericht Gottes über Menschen und Geschichte sprechen konnte. Einen theologischen Abgleich dieser beiden Gedanken hat er nie angestrebt. Das ist geradezu jüdisch gedacht. Und aus der alttestamentlichen Theologie kommt ein hermeneutischer Begriff, der uns Bonhoeffers Denken veranschaulichen mag.

Aspektives Denken[70]

Wenn wir nicht Bonhoeffer argumentative Ungenauigkeiten und Schwächen vorwerfen wollen, können wir manche seiner auf den ersten Blick tatsächlich widersprüchlichen Aussagen – und nun auch diese vom Zusammenwirken Gottes und der Menschen – „aspektiv“ zusammenbringen. Wir sehen die Gedanken als in Spannung stehende Beobachtungen und Gedanken, als Aspekte eines begrifflich nicht vollständig zu fassenden existenziell gelebten Ganzen.

Um „aspektiv“ denken zu können, muss ich einen Sinn für das in den Aspekten aufscheinende „Ganze“ haben. Ich muss das Risiko eingehen, etwas zu erfahren, etwas vielleicht nur zu fühlen, welches ich nicht denkend in den Griff bekomme, zumal es nur ein Aspekt des Ganzen ist. Bonhoeffer dachte so. Er war neugierig auf den dritten Gedanken als den überraschenden Einfall, der jedes System übersteigt. Er wollte das Spannungsvolle zugleich und zusammen denken.

In seinen pointiertesten Aussagen blieb er weder beim Entweder-Oder, meinte auch nicht ein simples Sowohl-als auch, war er weder „dialektisch“ im Sinne einer für die Zukunft erwarteten logischen Synthese. Auch das Paradoxe fand Bonhoeffer nicht an und für sich spannend. Wichtig war ihm, worauf das gegensätzlich zu Denkende hinauslief, worauf es also angelegt war. Er lebte zwischen „Widerstand und Ergebung“ (8,333), in Beziehung zu Gott und den Menschen.

Er lebte in der Tat und die Tat bedenkend, aber mit dem Akzent auf der Tat und dem Wagnis. Um einen gefährlich missverständlichen Gedanken zu wagen: Auch sein eigener Tod sollte zum „Besten“ dienen, auf dieser Erde sicher nicht dem Ermordeten, auf dieser Erde nicht ihm.

„Widerstandskraft“

„Ich glaube, daß Gott uns in jeder Notlage soviel Widerstandskraft geben will, wie wir brauchen. Aber er gibt sie nicht im voraus, damit wir uns nicht auf uns selbst, sondern allein auf ihn verlassen. In solchem Glauben müßte alle Angst vor der Zukunft überwunden sein.“

Ein paar Seiten weiter heißt es unter der Überschrift „Sind wir noch brauchbar?“:

„Wird unsere innere Widerstandskraft gegen das uns Aufgezwungene stark genug und unsere Aufrichtigkeit gegen uns selbst schonungslos genug geblieben sein, daß wir den Weg zur Schlichtheit und Geradheit wiederfinden?“ (8,38)

Die „Widerstandskraft“, die „wir“, die Gruppe der im Widerstand befindlichen Gefährten und Gefährtinnen, „brauchen“, die „uns“ Gott „in jeder Notlage“ zwar nicht „im voraus“, aber rechtzeitig geben „will“, ist eine seelische Kraft. Bonhoeffer mag an die biblische Erzählung vom göttlichen Manna denken, das als „tägliches Brot heute“ von Gott geschenkt wird, auf Vorrat gebunkert aber verdirbt.

„Widerstandskraft“ hat mit Schlichtheit und Geradheit zu tun und mit Aufrichtigkeit vor allem gegenüber sich selbst. In Bonhoeffers Worten steckt die Erfahrung des Konspirateurs, der die Kunst der Verstellung gelernt haben muss, um nicht in die tödlichen Fallen zu tappen. Bonhoeffer spürte, dass dieses andauernde Versteckspiel, dass die Einübung von Lügen an den Grundfesten der eigenen Person und ihrer Charakterfestigkeit rüttelte.

Die „Widerstandskraft, die wir brauchen“, meint nicht eine stoische Unempfindlichkeit gegenüber Zwängen und im Extremfall bei Verhaftung und Folter. Natürlich hat er die Folter gefürchtet; auch, dabei Namen von Mitbeteiligten erpressen lassen zu müssen. Bonhoeffer wusste von einem entsprechenden Leiden und Sterben des Pfarrers der Bekennenden Kirche Paul Schneider (1897–1939) im KZ Buchenwald.

Er wird kaum gemeint haben, dass, welche „Widerstandskraft“ auch immer woher kommen sollte, sie einen Menschen vollständig abschirmen könnte gegen jedes nur denkbare Leiden. Er hat natürlich darauf gehofft, dass ihm wie den anderen ein extremes Leiden und Sterben erspart bleiben könnten. Vor allem aber erwartete er Gottes Hilfe darin, dass er wie die anderen den Kern ihrer Persönlichkeit nicht verlieren würden, dass ihnen ihre Aufrichtigkeit, Schlichtheit und Geradheit und damit ihre Persönlichkeit bewahrt bliebe, komme, was da wolle. So oder so hoffte er, dass er wie einst der Prophet Jeremia sein Leben zur „Beute“ bekäme.

Dass Bonhoeffer den Satz von der gottgegebenen Widerstandskraft pädagogisch gemeint haben sollte, halte ich für unwahrscheinlich. Er dachte in Bezug auf das eigene Handeln kaum pädagogisch. Wie sollte er sich Gottes Handeln als das eines Lehrers vorstellen, der helfen könnte, es aber nicht tut, damit der Mensch etwas dabei „lernt“? Dass Gott die leidenden Menschen auf ihre Glaubensfestigkeit hin testen könnte wie einst „Gott“ den Hiob, oder auch, dass Gott beabsichtigen könnte, dass

Menschen ihren Glauben geradezu trainieren müssten, indem Gott sich ihnen entzöge, wird Bonhoeffer kaum gemeint haben.[71]

Ziel des Gedankens ist nicht ein Lernerfolg beim leidenden Menschen, sondern das letzte Vertrauen, dass Gott handelt, wenn der Mensch nicht mehr handeln kann. Gott will sozusagen in Bezug auf die Aufrichtigkeit, Schlichtheit und Geradheit der auf ihn vertrauenden Menschen gar nicht anders handeln, als dass er die Widerstandskraft im entscheidenden Augenblick „gibt“, im Moment der Entscheidung eines Menschen, in der Tat eines Menschen. Es gibt kein Glaubensvertrauen auf Halde, eine Art Glaubensschatz, auf den ein Mensch jederzeit zugreifen könnte wie auf einen garantierten Sparzins.

Auch im Moment der Selbstreflexion des Menschen „gibt“ Gott „Widerstandskraft“. Wann immer der Mensch sich fragt: „Wer bin ich?“ Bin ich der, da lügt, oder der, der die Wahrheit sagt? Und ist in der gegebenen Situation vielleicht die Lüge in Wirklichkeit die Wahrheit? (16,619ff.)[72]

Fehler, Irrtümer und vermeintliche Guttaten

„Ich glaube, daß auch unsere Fehler und Irrtümer nicht vergeblich sind, und daß es Gott nicht schwerer ist, mit ihnen fertig zu werden, als mit unseren vermeintlichen Guttaten.“

Zunächst geht es Bonhoeffer in diesem Abschnitt um die Auseinandersetzung mit den Erfahrungen im Widerstand. Die aktive Teilnahme am Komplott gegen Hitler und die oberste NS-Riege konnte sich als ein „Fehler“ herausstellen, als politische Fehleinschätzung. Vielleicht würde sich herausstellen, dass die Konspirateure sich und ihre Möglichkeiten überschätzt hatten. Vielleicht hatten sie auch das Gebot der Stunde falsch gehört. Mit all dem sollte Gott „fertig werden“ können.

Die Motivlage des Handelns konnte bei jedem einzelnen Beteiligten gemischt sein, durchsetzt von Ängsten oder Eitelkeiten, von Beimischungen aus menschlicher Schwäche, die das ganze Unternehmen praktisch gefährden konnten. Auch damit sollte Gott „fertig werden“.

Und die „Guttaten“ sind es doch nur „vermeintlich“! Wer darf denn letztlich urteilen über „gut“ und „böse“? In der „Ethik“ hatte Bonhoeffer den üblichen philosophisch-moralischen Zugang zu diesen Fragen scharf zurückgewiesen. Letztlich weiß nur Gott das Gute und das Böse. Darum kann der Mensch im besten Fall das Bessere tun und das Bösere vermeiden (vgl. 6,31ff.).

Die starken Sünden und die Teilnahme am Sein Jesu

Zeit seines Lebens hat sich Bonhoeffer mit der Religionskritik des 19. Jahrhunderts befasst. Diese lief als ständiger Hintergrundfilm mit, wenn Bonhoeffer vom Menschen, vom Christus, vom Glauben und vom Wagnis der Tat sprach.

Ludwig Feuerbach (1804–1872) und Friedrich Nietzsche hielten Gott für eine „Projektion" des Menschen (Feuerbach), für eine Fantasie, die die Härte, die Tragik und Größe eines wahrhaftigen menschlichen Daseins erträglich machen sollte. Die Menschen flöhen so aus dieser Welt heraus in eine „Hinterwelt" (Nietzsche; vgl. 12,265ff.).

Im Gefängnis in Tegel denkt Bonhoeffer über sein Verständnis vom Menschen neu nach. Der Mensch als Geschöpf, als Sünder und Sünderin, als Partner und Partnerin Gottes.

Er kommt damit zu Unterscheidungen von „Sünden der Schwäche" und „starken Sünden" (8,511) bzw. „Schwachheitssünden" und (starken) „mutwilligen Sünden" (8,574). Damit war Bonhoeffer ganz nahe am jüdischen oder, wie er sagte, „alttestamentlichen" Denken.

Die im Christentum und in der christlichen Theologie auffindbare Tendenz zur Spiritualisierung von Gottes Heil und Segen zur Trennung des Himmlischen (Jenseitigen) vom Irdischen (Diesseitigen) in Verbindung der Trennung des Geistigen, Seelischen, Innerlichen vom Leiblichen und Materiellen, kritisierte er nun ausdrücklich und betonte stattdessen den von der „Bibel" beider Testamente gemeinten „ganzen Menschen" (8,511).

Dieser Mensch kann auch nach dem (Sünden-)„Fall" die Sünde „beherrschen" (Gen 4,7). Er ist ihr nicht willenlos ausgeliefert. Eine rettungslose Verlorenheit des „Sünders" mit Blick auf einen verlorenen „Himmel" nach dem Leben auf der Erde ist dem jüdischen Denken fremd. Es gehört gerade zur Ehre des Menschen, dass Gott seinem Volk Israel und über Israel mittelbar der ganzen Welt die Tora, mit Bonhoeffer: das konkrete Gebot, schenkt, damit die Menschen das Wort Gottes hören, verstehen und tun, damit der Ehre Gottes der Frieden auf Erden folge (Lk 2,14). Hatte nicht auch der jüdische Prediger Jesus genauso gesprochen?

1930/31 befreundete sich Dietrich Bonhoeffer während seines Studienjahres in New York mit dem französischen Theologen Jean Lasserre (1908–1983; Brief 21.7.1944; 8,541). Nach dem gemeinsamen Besuch im Kino, wo sich der Franzose und der Deutsche „Im Westen nichts Neues" angesehen hatten, wurde den beiden klar, dass ihrer beider Identität nicht in ihrer Nationalität oder Kultur gründete, sondern in der Nachfolge des Bergpredigers.

In der Konspiration erweiterten sich die Erfahrung und das Nachdenken über die Möglichkeit, Frieden in der Welt zu stiften. Nun gehörte es zum „ganzen“ Menschen, sich der manifesten „Sünde“ in der Welt nicht durch Kirchenbildung und „Heiligung“ entgegenzustellen, sondern im „Wagnis“ einer schuldhaften „Tat“.

Diese Erfahrung war folgenreicher für Bonhoeffers Glaube und Theologie, als er selbst ahnte. Indem er später den Versuch unternimmt, „Sünden der Schwäche“ von „starken Sünden“ zu unterscheiden (8,511), jene an einer Stelle fast bagatellisiert (nämlich die sexuelle Treulosigkeit von Goethe und Napoleon, ebd.), die „Schwachheitssünden“ andererseits besonders gefährlich findet (8,574!), indem er starke Sünden und „Schwachheitssünden“ also auf ihre jeweiligen negativen Auswirkungen im Sozialleben der Menschen hin gewichtet, bringt Bonhoeffer einen originellen und sehr differenzierten Begriff von „Sünde“(n) in das Gespräch. Christus mache den Menschen nicht nur „gut“, sondern auch „stark“ (8,574), betont er.

Wieder geht es im „Glauben“ um die Entwicklung des Menschlichen, um die Stärkung des Menschen gegen die Dummheit und das Böse. Bonhoeffer sucht Möglichkeiten, den „starken“, weil autonomen, wissenschaftlich informierten und technisch bewanderten Menschen theologisch neu zu denken, ohne ihn als „Sünder“ zu diskreditieren.

Das ist ein mindestens überraschender Gedanke. Bis dahin war Bonhoeffers Anthropologie durchaus vom Dogma der Erbsünde geprägt. Nun baut er gedanklich zumindest eine Differenzierung ein. Er möchte nicht unterschiedslos vom Menschen als von dem Sünder sprechen. Damit versteht er nun auch Gottes Gnade deutlicher noch als je zuvor nicht als Erlösung vom oder aus dem irdischen Leben, etwa im Sinne von „Seelenheil“, sondern als Rechtfertigung des Menschen „mitten im“ diesseitigen Leben, als Erlaubnis und Befreiung zum vollen menschlichen Leben! Und das erste und maßgebliche „Vorbild“ kann für Bonhoeffer allein der Mensch Jesus sein.

In Bezug auf Jesus betonte er in der Christologie-Vorlesung (1933), dieser sei nicht sündlos zu nennen in Bezug auf sein moralisches Handeln. Moralisch gesehen, habe auch [der Mensch] Jesus getan, „was wie Sünde aussah“. „Er war hart zu seiner Mutter im Tempel, er wich seinen Gegnern aus, er rief zum Widerstand gegen die herrschende Kaste der Frommen und Menschen“ (12,344).

Nach den Unterscheidungen, wie Bonhoeffer sie in Tegel probierte, sind das keine Kleinigkeiten in Jesu Verhalten, sondern zumindest beim zuletzt genannten Beispiel des „Widerstandes“ gegen die „herrschende Kaste der Frommen und Menschen“ dürfte eine „starke“ „Sünde“ gemeint sein (vgl. 8,511: „Starke Sünden: [...] beim Bauern die Durchbrechung der Ordnung“). War Jesus also ein „starker Sünder?“ Ja – und nein; denn in Bezug auf sein – allerdings nur zu glaubendes, in dieser Welt nicht zweifelsfrei nachweisbares und beweisbares, „Sein“ als Gottes Sohn, und ausschließlich in diesem Sinne war Jesus „sündlos“.

Diese feine Unterscheidung von Moral und Ontologie [Lehre vom Sein] ist fundamental für den ganzen Bonhoeffer. Sie hat für seine Christologie wie für seine Anthropologie eine kaum zu überschätzende weitreichende Bedeutung: In dem Maße, wie „Christus in uns“ den „Menschen“ „schafft“ (8,535), Menschen also am Sein Jesu teilnehmen (8,558), haben sie Anteil an Jesu sündlosem Sein, ob nach menschlichen, moralischen Maßstäben diese Tat als („vermeintlich“!) „gut“ gelten mag und jene als (ebenso vermeintlich) „böse“. Das ist einer jener „anfechtbaren“ Gedanken (8,555), den wir Bonhoeffer zutrauen oder jedenfalls in seiner Gedankenlinie selbst verantworten sollten, um mit ihm auf Augenhöhe zu kommen.

Von „Schöpfung und Fall“ zum „mündigen Menschen“

Hätte Bonhoeffer die Lebenszeit noch gehabt, könnten wir wahrscheinlich eine Teil-Revision seiner eigenen Ausführungen von „Schöpfung und Fall“ lesen, zumindest in Bezug auf die Anthropologie. Die faszinierende Vorlesung von 1932 fußte auf einem Verständnis des Menschen als vom Bösen verführten Sünder, auf der Lehre von der Erbsünde. Seine Erlösung kann der Mensch darum – hier dachte Bonhoeffer ganz Martin Luther nach – ausschließlich im Gericht über die Sünde und im Tod der Sünde im Tod des Jesus Christus finden (vgl. 3,96ff.,123ff.,135f.)

Diese am klassisch lutherischen Menschenbild orientierte Theologie hatte, wie alles bei Bonhoeffer, biografisch und zeitgeschichtlich bedingte Hintergründe. Ungefähr in diese Zeit (1932) verorten Bonhoeffer-

Forschende ein Ereignis, das er selbst Jahre später als eine Art Umkehr pries: „Damals war ich furchtbar allein und mir selbst überlassen. Das war sehr schlimm. Dann kam etwas anderes, etwas, was mein Leben bis heute verändert hat und herumgeworfen hat. Ich kam zum ersten Mal zur Bibel.“ (Brief an Elisabeth Zinn, in: 14,113)

Den Schluss der Vorlesung über „Schöpfung und Sünde“ [so hieß die Vorlesung bezeichnenderweise ursprünglich] hielt Bonhoeffer schon in der Zeit der beginnenden NS-Herrschaft. Die menschliche „Sünde“ zeigte nun deutlich ihre Fratze. 1944 aber stellte er diese inhaltlich fast ganz vom Neuen Testament her geprägte „christologische“ Theologie auf den Prüfstand, auch die Lehre von Sünde und Erlösung. Er dachte von Gott klarer denn je kreuzestheologisch, *zugleich* aber vom Menschen positiver denn je: Der „mündig gewordene Mensch“ (8,557) ist weiterhin vor Gott der „Sünder“, insofern er der Mensch ist, der mit allem, nur mit sich selbst nicht fertig wird (ebd.).

Diesem Menschen aber sollen Kirche und Theologie nicht seine Mündigkeit, d. h. seine Autonomie (8,476,532) „madig“ machen (8,511, vgl. 8,478f.). Sie sollen vielmehr dem Menschen helfen, mit seinem Leben eigenständig fertig zu werden. Man solle dabei den mündig gewordenen und vielleicht völlig religionslosen Menschen daraufhin ansprechen, dass er und sie in der Welt Verantwortung zu tragen habe und dabei Gottes Partner resp. Partnerin bleibe – ob die Menschen das wüssten und glaubten oder nicht.

Ein deutliches Schuldbekenntnis der Kirche, gesprochen mit der Bitte um Vergebung der eigenen Schuld und zugleich stellvertretend für Christen wie Nichtchristen, die sich schuldig gemacht haben, war Bonhoeffer wichtig (6,126ff.), ebenso die Schuldübernahme verantwortlicher und aus letzter Freiheit handelnder Menschen (6,275ff.). Zugleich begann er das traditionelle Verständnis von „Sünde“, „Sünden“ und „Schuld“ weiter zu klären und auch zu hinterfragen (s. o.).

Bonhoeffer spricht Ende 1942 von „Fehlern und Irrtümern“ und von „vermeintlichen Guttaten“. Dass Gott mit beiden „fertig werde“, ist im Sinne seiner späteren Gedanken zur „nicht-religiösen Interpretation“ biblischer und theologischer Begriffe eine ganz einfache Übersetzung der großen Begriffe von Gottes „Führung“ und „Vorsehung“, „Rechtfertigung“ und „Heiligung“ in der Geschichte.

Gott wird mit uns Menschen „fertig“. Gott recht-fertigt den wirklichen Menschen.

„Gott kein zeitloses Fatum“

„Ich glaube, daß Gott kein zeitloses Fatum ist, sondern daß er auf aufrichtige Gebete und verantwortliche Taten wartet und antwortet.“ „Ich glaube, daß Gott aus allem, auch aus dem Bösesten, Gutes entstehen lassen kann und will.“

Bonhoeffer spielt mit dem „zeitlosen Fatum“ auf das Weltbild der antiken Griechen und Römer an. Im Hintergrund stehen auch Aspekte der von den Nazis in Gebrauch genommenen Philosophien Friedrich Nietzsches und insbesondere Oswald Spenglers (1880–1936).

Die Erfahrung des Ersten Weltkriegs war für Spengler die Katastrophe, die die Illusion von einer gefestigten christlich-abendländischen Kultur und ihrem andauernden Fortschritt hinwegfegte. Wie er neigten auch andere gebildete Geister dem Fatalismus zu. Das Schicksal erschien als ein unaufhaltsam rollendes Rad, die Zeiten als ein Zyklus von Epochen, die sich sinnlos abwechselten, deren Gehalt sich endlos wiederholte. Da lag die Vorstellung nahe, dass sogenannte großen Menschen, „Führer“-Gestalten wie der „Duce“ in Italien oder der „Führer“ in Deutschland das „zeitlose Fatum“ in ihre Hand nehmen sollten, um die ansonsten sinnlosen Geschicke der Völker bedeutsam zu machen. In Tegel setzte sich Bonhoeffer im Rahmen seiner Geschichtsbetrachtungen auch mit Spenglers „Der Untergang des Abendlandes“ auseinander (8,353f.), ein Buch, das er schon als junger Mann gelesen hatte – wie viele seiner Generation.

Auch eine gewisse Faszination für den Tod, den der jugendliche Dietrich kannte, romantisch überhöht oder depressiv gefärbt, schwingt im „zeitlosen Fatum“ kritisch nach. „[...] gleich nach dem Ersten Weltkrieg hatte er sich als Vierzehnjähriger von einer Klinger-Ausstellung die Wiedergabe der Lithographie ‚Vom Tode‘ mitgenommen. Später konnte er, wie nebenbei, bemerken, daß er eigentlich einen frühen Tod erwarte.“ (Bethge, 743).

Max Klinger: Der Tod als Heiland, Bl. 10 (von https://mv-naumburg.de/objekte/632-max-klinger-vom-tode (Aufruf 2.11.2018))

Auch in eine andere Richtung mag Bonhoeffer noch gedacht haben: Das „Schicksal“ war für Vertreter eines deterministischen Geschichtsbildes[73] weder „zeitlos“, noch „blind“ wie das „Fatum“ der Antike. Es war kein unerkennbares Verhängnis rätselhafter göttlicher Mächte, sondern funktionierte vielmehr nach erkennbaren und erklärbaren Mechanismen, die den überkommenen Schicksalsmächten gleich nun anstelle der alten Götter die gesamte Geschichte der Menschen bestimmten. Für die Marxisten hieß die herrschende Schicksalsmacht „Kapital“. Für Nietzsche war es der „Wille zur Macht“, für Sigmund Freud (1856–1939) die „Macht des Unbewussten“. Bonhoeffer grenzte sich gegen das Fatum der Antike genauso ab wie gegen deterministische Geschichtsbilder. Auch in der Katastrophe des Weltkrieges musste die Würde und die Freiheit des Menschen hochgehalten werden, die eigene Geschichte in Gelingen und Misslingen, vermeintlichen Guttaten und Fehlern und Irrtümern gestalten zu können und – vor Gott – verantworten zu müssen und dies auch zu können.

„Aufrichtige Gebete“

Der Mensch, wie Bonhoeffer ihn sah, sieht nicht in eine ungeheure Leere um ihn herum und auch nicht in die Fratzen von Schicksalsmächten. Der Mensch ist Mensch, indem er auf Gott hört, der zu dem Menschen spricht. Gott aber ist Gott, indem er „auf aufrichtige Gebete und verantwortliche Taten wartet und antwortet.“

In der Verbindung, ja: Beziehung von Menschen, die zu Gott beten, und Gott, der auf verantwortliche Taten der Menschen nicht nur „wartet“ (Sölle), sondern auch auf sie „antwortet“, hat Bonhoeffer noch einen Hinweis eingewoben: Gott wartet auf „aufrichtige“ Gebete und „verantwortliche“ Taten. Nicht jedes Gebet und nicht jede Tat sozusagen interessieren Gott [lat.: inter esse = dazwischen sein]. Gott wartet und antwortet nicht auf unaufrichtige Gebete und unverantwortliche Taten. Gott schweigt darüber, müsste man nach Bonhoeffer sagen. Gott übergeht unaufrichtiges menschliches Gerede, und sei es als Gebet getarnt. In gewisser Weise „leidet“ Gott an gottlosem Gott-Gerede. Gottloses Gebet hat keinen Sinn. Es sei ästhetisch hochwertig, liturgisch gekonnt und häufig gebetet – wenn das Gebet nicht „aufrichtig“ ist, bewirkt Gott durch das Gebet nichts. Vielleicht muss man Bonhoeffers Gedanken im Gegenteil so ausziehen: Das unaufrichtige Gebet bewirkt Gottlosigkeit des Menschen, der nur zu beten vorgibt, in Wahrheit und Wirklichkeit aber nur vor sich, vielleicht „religiös“ hinredet. Der unaufrichtig betende Mensch gewöhnt sich an die eigene Gottlosigkeit und vergisst damit Gott.

Von Karl Barth kam per Brief an den Predigerseminardirektor Bonhoeffer 1936 eine deutliche Kritik. Er hinterfragte die „erbauliche Betrachtung“ (Barth) von Bibeltexten mit der schlichten Frage, was Gott einem durch dieses Schriftwort gerade heute „sagen“ wolle. Das schien ihm theologisch fragwürdig: „Ich kann [...] die ganze grundsätzliche Unterscheidung zwischen theologischer Arbeit und erbaulicher Betrachtung [...] so nicht mitmachen. Und wiederum stört mich in jenem Schriftstück [eine Barth überbrachte „Anleitung zur Schriftmeditation“, im Wesentlichen von Bonhoeffer verfasst, mit Ergänzungen Eberhard Bethges und unter dessen Namen veröffentlicht, s. 14,945ff.] ein schwer zu definierender Geruch eines klösterlichen Eros und Pathos, [...], für das ich vorläufig noch nicht das positive Sensorium und auch noch keine Verwendung habe“ (14,252f.). Meinte Barth, die Schriftmeditation in Finkenwalde sei nicht ganz aufrichtig, weil sie möglicherweise von „klösterlichem Eros“, d. h. von narzisstischer Selbstliebe geprägt sei?

„Klösterlicher Eros“?

Bonhoeffer riskierte Grenzgänge in neue Erfahrungsbereiche, weil er das Gespräch zwischen Himmel und Erde konkret und sichtbar wollte. Er wollte vom unendlich liebenden und gnädigen Gott ganz „im Leben“ sprechen (vgl. 8,455). Aus seiner Warte hieß das, dass von der eigenen Würde, Haltung, Tat, Verantwortung nicht abgesehen werden konnte, dass man sich weder „religiös“, noch „theologisch“ vormachte, man könne so etwas wie eine weiße Weste bewahren, sich selbst als einen guten Menschen beurteilen und sich mit sich in einen faulen Frieden begeben. Vielmehr war das Leben mit all seinen Facetten zu leben, wie es für einen nun einmal war. Die Lebenserfahrung des stark-schwachen, gutbösen, autonomen und mit sich selbst nicht fertig werdenden Menschen war theologisch gültig. Sie war der Ort, an dem sich Gott als lebendig erwies. Die biblischen Geschichten, die Lehren von Theologie und Kirche, die Liturgie der Gottesdienste – all das war für Bonhoeffer verbunden mit dem wirklichen Menschen im Hier und Jetzt. Darum war das „aufrichtige“ Gebet des Konspirateurs von Ende 1942 eine echte und redliche Beziehungsaufnahme Gott gegenüber. Es war kein frommes Werk, um in den „Himmel“ zu kommen, und hatte mit „klösterlichem Eros“ nichts zu tun.

„Verantwortliche Taten“

„Es ist eine Zumutung sondergleichen, die an jeden, der das Problem einer christlichen Ethik auch nur zu Gesicht bekommen will, gestellt werden muß, die Zumutung nämlich, die beiden Fragen, welche ihn überhaupt zur Beschäftigung mit dem ethischen Problem führen: ‚wie werde ich gut?‘ und ‚wie tue ich etwas Gutes‘ von vornherein als der Sache unangemessen aufzugeben, und statt dessen die ganz andere, von jenen beiden unendlich verschiedene Frage nach dem Willen Gottes zu stellen“ (6,31).

Bonhoeffer begann seine „Ethik“ mit der Aufkündigung der zentralen ethischen Frage nach dem Gutsein oder Gutwerden des Menschen. Die Frage nach dem „Willen Gottes“ befreit den Menschen aus seiner Vereinzelung und Überforderung; denn kein Mensch ist einfach gut oder kann es je werden; und niemand kennt das Gute, nicht einmal der, der es tut. Bonhoeffers „Ethik“ ist rechtfertigungstheologisch ausgerichtet. Beim verantwortlichen Handeln in der Welt geht es um die menschliche Dimension eines Lebens „vor“ Gott und „mit“ Gott.

Bonhoeffer entzieht jeder menschlichen Selbstrechtfertigung und damit jedem christlichen Moralismus die theologische Grundlage. Was wir als Menschen bestenfalls kennen und können, ist die Wahrnehmung unseres Lebens im Horizont hilfreicher Mächte. Wir sind nicht mutterseelenallein gelassen in einem unüberschaubar großen Kosmos, überwältigt von Schicksalsmächten, verdammt zum Überlebenskampf aller gegen alle in einem letztlich sinnlosen Leben, dem nur der Tod sicher ist.

Das konkrete Gebot – Erlaubnis zum Leben

Auch in den auf das „konkrete Gebot“ bezogenen Ausführungen in seiner „Ethik“ zeigt sich Bonhoeffers Glaube an das Handeln Gottes in der menschlichen Geschichte:

„Das Gebot Gottes erlaubt dem Menschen Mensch zu sein vor Gott [...], vor Gottes Gebot ist der Mensch nicht der Herkules am Scheidewege in Permanenz, nicht der ewig um die rechte Entscheidung Ringende, im

Konflikt der Pflichten sich Aufreibende, immer wieder Scheiternde und neu Anfangende, und Gottes Gebot selbst tritt nicht nur in jenen großen, bewegten, in höchster Bewußtheit erlebten Krisenmomenten des Lebens in Erscheinung. Vielmehr darf der Mensch vor Gottes Gebot nun einmal schon wirklich auf dem Wege sein (nicht immer erst am Scheideweg stehen), er darf die rechte Entscheidung einmal wirklich hinter sich haben (nicht immer nur vor sich), er darf ganz ohne inneren Konflikt das Eine tun und das andere (theoretisch-ethisch vielleicht ebenso Dringliche) lassen, er darf den Anfang schon gemacht haben und sich auf dem Wege vom Gebot wie von einem guten Engel leiten, begleiten und bewahren lassen, und Gottes Gebot selbst kann nun in der Gestalt alltäglicher, scheinbar kleiner, bedeutungsloser Worte, Sätze, Winke, Hilfen dem Leben die einheitliche Richtung, die persönliche Führung geben“ (6,388f.)

Der Mensch „darf“ „sich auf dem Wege vom Gebot wie von einem guten Engel leiten, begleiten und bewahren lassen“. Bonhoeffer meint (auch hier) die unanschauliche Mitte zwischen einem „Gebot“ im Sinne einer göttlichen Handlungsaufforderung und einer Erlaubnis leben zu dürfen, göttlich begleitet und geführt mithilfe „scheinbar kleiner, bedeutungsloser Worte, Sätze, Winke, Hilfen“, bewahrt dabei „wie von einem guten Engel“. Nicht „vergeblich“ mögen dabei die Fehler und Irrtümer sein. Das ist der tiefe Wunsch der Gefährten Ende 1942, dass ihre Beteiligung an der aktiven Konspiration sich nicht doch eines Tages als der große Fehler und Irrtum herausstellen wird! „Nicht vergeblich“ sollen Fehler und Irrtümer aber auch dann sein, weil Gott mit ihnen „fertig werden“ wird, so wie er mit den auch nur „vermeintlichen“ (!) „Guttaten“ fertig wird.

Bonhoeffer interessierte sich nicht für einen „Gott“, den man sich zur Not oder auch aus purer Lust einfach denken könnte. Gott, wie Bonhoeffer ihn „glaubte“, ist wesentlich Gott im Menschen Jesus Christus: „Gott in Menschengestalt“, der einmal tatsächlich auf der Erde gelebt hatte, von dem das Neue Testament Zeugnis ablegt und der sich dem Menschen je heute zeigt (8,558). „Dass“ dieser Gott sich „offenbart“, setzte Bonhoeffer einfach voraus, ohne es beweisen zu können oder auch nur zu wollen. Allein von Jesus Christus aus, als der Mitte der Weltgeschichte, ist für Bonhoeffer über das „Walten Gottes in der Geschichte“ nachzudenken.

Dieser Gott „in den Tatsachen“ ist ein Anderer und als bleibendes Geheimnis auch größer als ein Gott ausschließlich in den Händen und Füßen von Menschen.

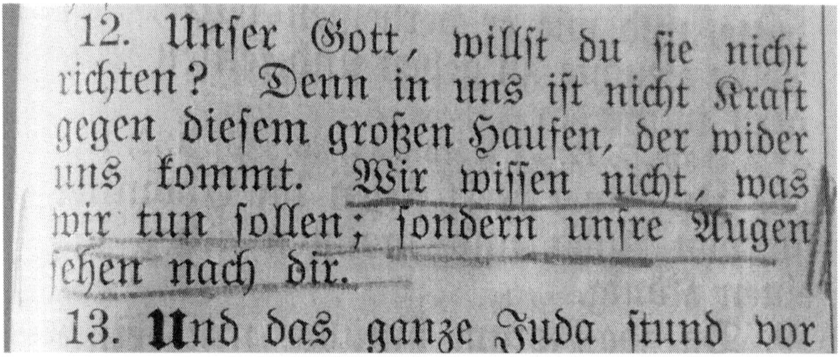
12. Unser Gott, willst du sie nicht
richten? Denn in uns ist nicht Kraft
gegen diesem großen Haufen, der wider
uns kommt. Wir wissen nicht, was
wir tun sollen; sondern unsre Augen
sehen nach dir.
13. Und das ganze Juda stund vor

„Wir wissen nicht, was wir tun sollen; sondern unsre Augen sehen nach dir.“ 2. Chronik 20,12. Unterstreichung in Bonhoeffers Bibel, Foto: B. V.

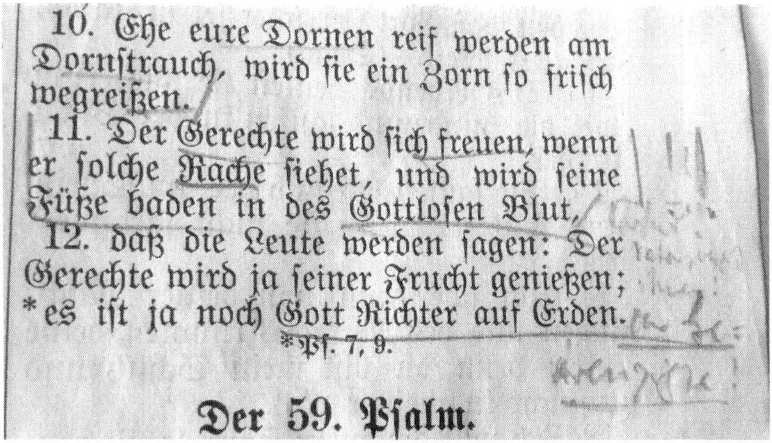
10. Ehe eure Dornen reif werden am
Dornstrauch, wird sie ein Zorn so frisch
wegreißen.
11. Der Gerechte wird sich freuen, wenn
er solche Rache siehet, und wird seine
Füße baden in des Gottlosen Blut,
12. daß die Leute werden sagen: Der
Gerechte wird ja seiner Frucht genießen;
*es ist ja noch Gott Richter auf Erden.
*Ps. 7, 9.

Der 59. Psalm.

Gott ‚richtet‘ die Welt „im Gekreuzigten“ (handschriftliche Eintragung Bonhoeffers in seiner Bibel zu Psalm 58,11 f.). Foto: B. V.

„Was glauben wir wirklich?" – Der Dornröschenschlaf eines Manifests

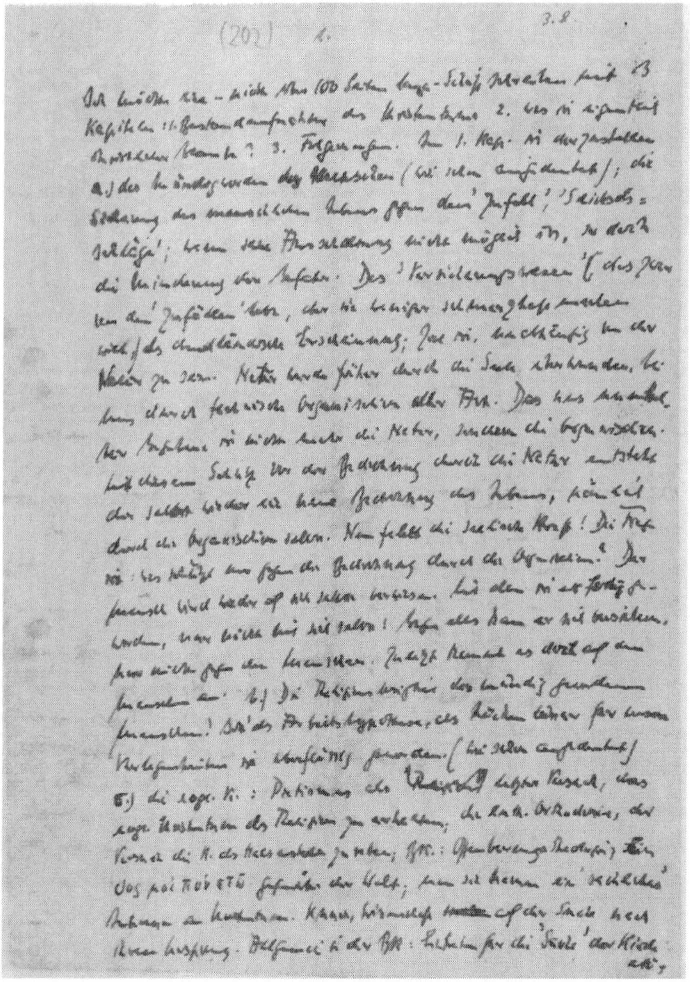

Erste von vier handschriftlichen Seiten, von Bethge mit Datum „3.8." versehen, im Schriftbild als Exposé erkennbar, Foto: B. V.

„Entwurf für eine Arbeit"

Eberhard Bethge nannte dieses Manuskript „Entwurf für eine Arbeit" (8,556–561). Alles Weitere, was Bonhoeffer längs dieses Exposés geschrieben hatte und was über diesen „Entwurf" hinausgegangen sein dürfte, ist vernichtet worden. Dabei ist es ein verhindertes Manifest. Die Absicht Bonhoeffers, damit „für die Zukunft" seiner zuvor deutlich kritisierten Kirche einen prophetischen „Dienst" tun zu können, ist deutlich verknüpft mit der Ansage, einmal „einfach und klar gewisse Dinge" auszusprechen (8,561), als ob er damit ein Tabu brechen wollte.

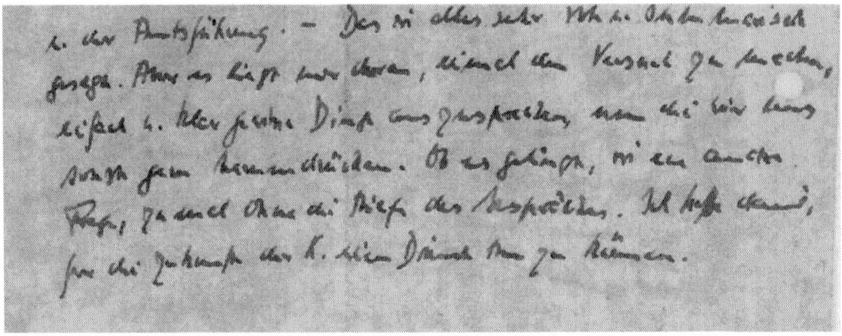

Schluss des Exposés: „Ich hoffe damit für die Zukunft der K. einen Dienst tun zu können."
Foto: B. V.

In einem sehr frühen Vortrag Bethges vom 9.4.1946, zum einjährigen Todestag seines Freundes, findet sich ein indirekter Hinweis, in welche Richtung Bonhoeffer weitergedacht haben mag:

„Dietrich meint, daß die Kirche aus ihrer Stagnation heraus muß in die freie Luft der geistigen Auseinandersetzung mit der in jeder Beziehung mündig gewordenen Welt; dabei darf die Kirche nicht mehr versuchen, Gott als Lückenbüßer für die ungelösten Fragen der Naturwissenschaft und des Lebens in Anspruch zu nehmen, ihn als einzigen Ausweg für die Verlegenheiten und Schwachheiten der menschlichen Seele noch zu retten und ihm irgendwo einen Raum auszusparen." (Gedenkheft, 22f.)

Der „Entwurf" in Auszügen (vgl. 8,556–561):

„Ich möchte eine – nicht über 100 Seiten – lange Schrift schreiben mit 3 Kapiteln: 1. Bestandaufnahme des Christentums 2. Was ist eigentlich christlicher Glaube? 3. Folgerungen. Im 1. Kapitel ist darzustellen a.) Das Mündigwerden des Menschen (wie schon angedeutet); die Sicherung des menschlichen Lebens gegen den ‚Zufall', ‚Schicksalsschläge'; wenn seine Ausschaltung nicht möglich ist, so doch die Minderung der Gefahr. Das ‚Versicherungswesen' (das zwar von den ‚Zufällen' lebt, aber sie weniger schmerzhaft machen will) als abendländische Erscheinung; Ziel ist, unabhängig von der Natur zu sein. Natur wurde früher durch die Seele überwunden, bei uns durch technische Organisation aller Art. Das uns unmittelbar Gegebene ist nicht mehr die Natur, sondern die Organisation. Mit diesem Schutz vor der Bedrohung durch die Natur entsteht aber selbst wieder eine neue Bedrohung des Lebens, nämlich durch die Organisation selbst. Nun fehlt die seelische Kraft! Die Frage ist: Was schützt uns gegen die Bedrohung durch die Organisation? Der Mensch wird wieder auf sich selbst verwiesen. Mit allem ist er fertig geworden, nur nicht mit sich selbst! Gegen Alles kann er sich versichern, nur nicht gegen den Menschen. Zuletzt kommt es doch auf den Menschen an. b.) Die Religionslosigkeit des mündig gewordenen Menschen. ‚Gott' als Arbeitshypothese, als Lückenbüßer für unsere Verlegenheiten ist überflüssig geworden (wie schon angedeutet.) c.) die evangelische Kirche: Pietismus als letzter Versuch, das evangelische Christentum als Religion zu erhalten; die lutherische Orthodoxie, der Versuch, die Kirche als Heilsanstalt zu retten; BK.: Offenbarungstheologie; ein „δός μοι ποῦ στῶ [dos moi pou sto[74], B. V.] gegenüber der Welt [...] *2. Kapitel.* a.) Weltlichkeit und Gott. B.) Wer ist Gott? Nicht zuerst ein allgemeiner Gottesglaube an Gottes Allmacht etc. Das ist keine echte Gotteserfahrung, sondern ein Stück prolongierter Welt. Begegnung mit Jesus Christus. Erfahrung, daß hier eine Umkehrung alles menschlichen Seins gegeben ist, darin, daß Jesus nur ‚für andere da ist'. Das ‚Für-andere-dasein' Jesu ist die Transzendenzerfahrung! Aus der Freiheit von sich selbst, aus dem ‚Für-andere-dasein' bis zum Tod entspringt erst die Allmacht, Allwissenheit, Allgegenwart. Glaube ist das Teilnehmen an diesem Sein Jesu. (Menschwerdung, Kreuz, Auferstehung.) Unser Verhältnis zu Gott ist kein ‚religiöses' zu einem denkbar höchsten, mächtigsten, besten Wesen – dies ist keine echte Transzendenz –, sondern unser Verhältnis zu Gott ist ein neues Leben im ‚Dasein-für-andere', in der Teilnahme am Sein Jesu. Nicht die unendlichen, unerreichbaren Aufgaben, sondern der jeweils gegebene erreichbare Nächste ist das Transzendente. Gott in Menschengestalt! Nicht wie bei orientalischen Religionen in Tiergestalten als das Ungeheure, Chaotische, Ferne, Schauerliche; aber auch nicht in den Begriffsgestalten des

Absoluten, Metaphysischen, Unendlichen etc., aber auch nicht die griechische Gott-Menschgestalt des ‚Menschen an sich', sondern ‚der Mensch für andere'! Darum der Gekreuzigte. Der aus dem Transzendenten lebende Mensch. c.) Interpretation der biblischen Begriffe von hier aus. (Schöpfung, Fall, Versöhnung, Buße, Glaube, vita nova, letzte Dinge.) d.) Kultus (darüber später ausführlich, speziell über Kultus und ‚Religion'!) e.) Was glauben wir wirklich? d. h. so, daß wir mit unserem Leben daran hängen? Problem des Apostolikum? Was *muß* ich glauben? falsche Frage. Überholte Kontroversfragen, speziell interkonfessionell [...] Barth und die BK. führen dazu, daß man sich immer wieder hinter den ‚Glauben der Kirche' verschanzt und nicht ganz ehrlich fragt und konstatiert, was man selbst eigentlich glaubt. [...] *3. Kapitel.* Folgerungen: Die Kirche ist nur Kirche, wenn sie für andere da ist. Um einen Anfang zu machen, muß sie alles Eigentum den Notleidenden schenken. Die Pfarrer müssen ausschließlich von den freiwilligen Gaben der Gemeinden leben, evtl. einen weltlichen Beruf ausüben. Sie muß an den weltlichen Aufgaben des menschlichen Gemeinschaftslebens teilnehmen, nicht herrschend, sondern helfend und dienend. Sie muß den Menschen aller Berufe sagen, was ein Leben mit Christus ist, was es heißt, ‚für andere dazu sein'. Speziell wird unsere Kirche den Lastern der Hybris, der Anbetung der Kraft und des Neides und des Illusionismus als den Wurzeln allen Übels entgegentreten müssen. Sie wird von Maß, Echtheit, Vertrauen, Treue, Stetigkeit, Geduld, Zucht, Demut, Genügsamkeit, Bescheidenheit sprechen müssen. Sie wird die Bedeutung des menschlichen „Vorbildes (das in der Menschheit Jesu seinen Ursprung hat und bei Paulus so wichtig ist!) nicht unterschätzen dürfen; nicht durch Begriffe, sondern durch „Vorbild" bekommt ihr Wort Nachdruck und Kraft. [...] Ferner: Revision der ‚Bekenntnisfrage (Apostolikum), Revision der Kontroverstheologie; Revision der Vorbereitung auf das Amt und der Amtsführung.

Das ist alles sehr roh und summarisch gesagt. Aber es liegt mir daran, einmal den Versuch zu machen, einfach und klar gewisse Dinge auszusprechen, um die wir uns sonst gern herumdrücken. Ob es gelingt, ist eine andre Frage, zumal ohne die Hilfe des Gespräches. Ich hoffe damit, für die Zukunft der Kirche einen Dienst tun zu können" (8,556–561).

Dornröschenschlaf eines verhinderten Manifests

Bonhoeffer ging mit Blick auf die sich für ihn bedrohlich zuspitzende Situation nach dem 20. Juli daran, seine in wesentlichen Zügen nun doch neue Theologie niederzuschreiben. Die Ethik war nicht mehr der maßgebliche Fokus, sondern eine offene Frage: Was glauben wir wirklich, „so, daß wir mit unserem Leben daran hängen?" (8,559) Mit dieser Frage sollte die neue Theologie ihre Kontur gewinnen. Damit hatte Bonhoeffer das lange vernachlässigte Thema einer „hermeneutisch" reflektierten Theologie nun ins Zentrum der Betrachtung gestellt. Es ging um das theologisch verantwortete Verstehen des Menschen und der Bibel – beides zugleich und miteinander.

Wir dürfen uns Bonhoeffers Anspruch, „für die Zukunft der Kirche einen Dienst" zu tun (8,561), nicht zu bescheiden denken. Es sollte eine theologische Ansage werden wie gut 20 Jahre vorher Karl Barths Kommentar zum Römerbrief. Dafür brauchte Bonhoeffer eine deutliche Aussage, möglicherweise in Form einer Frage, an der Kirche und Theologie nicht einfach vorbei zur Tagesordnung übergehen konnten.

Die Erfahrungen mit dem faschistischen Nationalsozialismus und der Diktatur, dem Niedergang bzw. der Kompromittierung der Kirchen, mit Weltkrieg und Shoah, die Erfahrung der menschlichen Bosheit und „Dummheit" stellten alle bisherige Theologie infrage, auch Barths „Offenbarungstheologie" und die christliche Religion. Der Neuanfang musste radikal ansetzen zugleich beim Menschen und bei der Bibel. Er musste weit weniger „kirchlich"-dogmatisch aussehen, als das, worauf es bei Barth hinauszulaufen schien und jedenfalls in der Bekennenden Kirche auch hinausgelaufen war.

Bonhoeffer sah die Theologie „zurückgeworfen" „ganz auf die Anfänge des Verstehens" (Mai 1944; 8,435). Barths Weg einer „kirchlichen" Lehre überzeugte ihn nach anfänglicher Begeisterung nicht mehr. Barth lasse, meinte Bonhoeffer, die Welt letztlich allein. Statt die Bibel „weltlich" zu interpretieren, verlange die Kirche, ausgerüstet mit Barths Kirchlicher Dogmatik, einen kirchlichen, im Grunde einen kirchlich-religiösen Glauben im Sinne eines Für-wahr-Haltens einer Anzahl von Lehrinhalten. So hatte Barth seine Dogmatik zwar selbst nicht verstehen wollen; aber darauf lief es aus Bonhoeffers Sicht hinaus.

Bonhoeffers Versuch setzte zweifach an: 1. bei der Frage, was „wir" angesichts der jüngsten Geschichte „wirklich" glauben, „so daß wir mit unserem Leben daran hängen?" (8,559) bzw. „was man selbst eigentlich glaubt" (8,559f.), und 2. bei der zu dieser offenen Frage anscheinend gar nicht passenden theologischen Behauptung, es sei der „Mensch" Jesus die alles entscheidende Transzendenzerfahrung, das einzige Maß aller theologischen Dinge (8,558f.).

Insbesondere diese starke These von der entscheidenden Transzendenzerfahrung durch den Menschen Jesus scheint erklärungsbedürftig. Mindestens ebenso erklärungsbedürftig aber ist, dass dieser immerhin interessante doppelte theologische Ansatz in der gesamten Nachkriegs-Kirche und Theologie bisher in keiner Weise eine angemessene Aufmerksamkeit erfahren hat.

Was Bonhoeffer da beabsichtigte, könnten Kritiker sagen, wäre die theologische Quadratur des Kreises geworden und dabei ein in der späten Moderne, in einer Kultur der Pluralisierung und Individualisierung, aussichtsloser Versuch, sich derart exklusiv auf den „Gott in Menschengestalt!" (8,558) zu konzentrieren, dass dabei z. B. die „orientalischen Religionen" – Bonhoeffer mag hier konkret an den Hinduismus gedacht haben – ebenso schlecht wegzukommen scheinen wie alle philosophischen Begriffe von Gott, wenn vom „Absoluten" usw. gesprochen wird. Allein Jesus, allein „der Mensch für andere" scheint für Bonhoeffer „echte Gotteserfahrung" sein zu können (8,558). Was soll das bedeuten; und wer glaubt das? Und ist das „tolerant"? mag man fragen. Ist eine solche starke „christologische" These kompatibel für den heute überlebensnotwendigen interreligiösen Dialog? Bedeutete nicht auch schon damals eine geistige „Auseinandersetzung mit der Welt" (8,555), dass das Bonhoeffer so wichtige Gespräch stattfindet zwischen Menschen ganz verschiedener Kulturen, Denkweisen, Religionen? Wer kann da ausschließlich aufgrund des eigenen Kriteriums „echte" von unechter „Gotteserfahrung" unterscheiden, und sei es Jesus, der „Mensch für andere"?

Trotz berechtigter Fragen an Bonhoeffers Konzept und an einzelne Aussagen sollten wir uns seinen Anspruch nicht kleindenken und seinen Ansatz zunächst einmal gründlich durchdenken. Bonhoeffer wollte einen Denkanstoß setzen, den zumindest die theologische Fachwelt und vielleicht auch die Kirchenleitungen nicht überhören könnten.

Man hat zwar Bonhoeffer Jahrzehnte lang zitiert, aber bis heute seinen letzten theologischen Ansatz nicht wirklich ernst nehmen oder ausprobieren wollen. Insgesamt ist der avantgardistische Charakter seines Werkes nicht genutzt. Vermutlich hat Bonhoeffers Theologie insgesamt nicht in die Bedürfnisse der Zeit gepasst, seine „Nachfolge“ nicht und auch nicht „Widerstand und Ergebung“, aus unterschiedlichen Gründen.

Im Westen nichts Neues?

Die Kirchenleitungen, die Pastoren und Pastorinnen im Westen haben die nach 1945 teils neugestaltete, insgesamt restaurierte „Volkskirche“ im nun demokratischen Deutschland aufgebaut, weiter an ihr gebaut, Gemeindehäuser und Kirchen z. B., Akademien und Tagungshäuser in die Welt gesetzt. Die Botschaft hieß, die Kirche sei wieder da und habe den Anschluss gefunden an die moderne Zeit. Bonhoeffers Briefe konnten in Einzelheiten anregend sein, vor allem in frommen Studentengruppen und bei modernen Pastoren. Sie gaben aber kein fertiges Konzept her. Die radikalen Fragen in ihnen störten den Betrieb. Bonhoeffer war immer zu anspruchsvoll, zu seiner Zeit und posthum. War man nicht sowieso und jeden Tag von morgens bis abends „Kirche für andere“? Brannte nicht in vielen Pfarrhäusern noch nachts das Licht? Tat man nicht viel für den seelisch-geistigen Neuanfang nach den Katastrophen zweier Weltkriege und der Shoah: Erwachsenenbildung, Aufbau einer Erinnerungs- und Gedenkkultur, jüdisch-christlicher Dialog?

Und warum sollten Pastoren nicht praktischerweise Kirchenbeamte sein können und in Pfarrhäusern leben wie seit dem 19. Jahrhundert? Erkennbare Kirche, mitten im Dorf oder im Stadtteil. Was sprach im Jahr 1945 theologisch ernsthaft dagegen? Wollten nicht auch die Gemeinden verlässlich anwesende Geistliche, die sie kirchlich-religiös versorgten? Warum sollte es keine Partnerschaft der großen Kirchen mit einem demokratischen Deutschland geben, grundgesetzlich gewollt? Was war gegen das Prinzip der Subsidiarität gesellschaftlicher Kräfte ernsthaft einzuwenden in einer Situation, in der erst gelernt werden musste, was bürgerliche Verantwortung sein könnte? Was war darum gegen die vergleichsweise kostengünstige Einziehung einer Kirchensteuer durch den Staat einzuwenden, und was – nach den Erfahrungen in der NS-Zeit – gegen einen guten Religionsunterricht in der öffentlichen Schule sowie später die Militärseelsorge bei den Bürgern in Uniform? Was war gegen die Alimentation der Pastoren und Pastorinnen und anderer kirchlicher Berufsgruppen aus Kirchensteuermitteln zu sagen? Warum sollten die Pastoren unbedingt eine Art Arbeiterpriester oder Feierabend-Geistliche werden, um etwas vom realen Leben zu wissen und mit den Menschen solidarisch zu sein? Half diese Organisation nicht beim Neuaufbau einer demokratischen Gesellschaft? War das etwa nicht „Kirche für andere“?

Bonhoeffers radikal kritische Fragen passten vor allem im Westen nicht recht in den gesellschaftlichen Nachkriegskontext. Die „Nachfolge“ und sein kleines Buch „Gemeinsames Leben“ wurden von sogenannten entschiedenen Christen und von Mitgliedern christlicher Lebensgemeinschaften gelesen. Die „Ethik“ war zeitweilig ein beliebtes Projekt beim theologischen Examen. Die Gefängnisbriefe entfachten das Gespräch quer durch die christlichen Fraktionen und auch über das Kirchenmilieu hinweg. Ihre aphoristischen Sätze und Formeln wurden traktiert bis in den Schulunterricht. Man stritt sich aber über Religionslosigkeit und Mündigkeit der Welt. Früh wurde gefragt: Hatte Bonhoeffer Recht? Hat er sich geirrt, getäuscht, zu viel gewollt, zu wenig ausgeführt? Hat er gar am Ende seinen Glauben verloren?

Im Osten auch Neues

Etwas anders war die Rolle Bonhoeffers auf dem Gebiet der Deutschen Demokratischen Republik im Rahmen des Bundes der Evangelischen Kirchen in der DDR. Die strukturelle Analogie NS-Staat – stalinistischer DDR-Staat war mit Händen zu greifen. Bonhoeffers Theologie war in diesem Kontext überlebenswichtig für viele Gemeinden und ihre Hauptamtlichen. Bonhoeffers Theologie wurde vom Bonhoeffer-Schüler Albrecht Schönherr (1911–2009) in sein Konzept von der „Kirche im Sozialismus“ eingebaut. In Predigten, in der Jungen Gemeinde, in Kreisen junger Erwachsener und in Bibelkreisen waren Bonhoeffers Texte bekannt. Sie grundierten oder begleiteten den Versuch der Engagierten, in der Situation einer in mancher Hinsicht staatlich bedrängten Kirche, Kirche für das ganze Volk, in diesem Sinn „Kirche für andere“ zu sein.

Die kirchlichen Entscheidungsgremien und Synoden beider Großkirchen haben, zunächst für das Gebiet ganz Deutschlands, dann getrennt in West und Ost, mit diesen Fragen gerungen und für die Bereiche der beiden Deutschlands verschiedene Lösungen finden müssen. Manche Entscheidungen fielen schnell, unter dem Druck des Neuanfangs vielleicht zu schnell. Wie gut 40 Jahre später, nach dem sogenannten Fall der Mauer, waren die Kräfte der Wenigen, die für ihre Kirche und für die Gesellschaft eine Alternative zum schon einmal Gehabten probieren wollten, zu schwach. Die Mehrheiten waren 1945ff. und 1989ff. schnell auf der

Seite der Geschichte, wo man „keine Experimente“ mehr wollte, sondern verlässliche Strukturen, Stabilität, materielle Sicherheit, klare Rollenverteilungen, einen schnell sichtbaren Erfolg.

„Dietrichs Reflexionen“ (Bethge) - die Anlage eines großen Neuanfangs

Von dem angefangenen Fragment haben erste Ausführungen, vielleicht kleine Kapitel existiert, die Bonhoeffer, geschmuggelt über ihm vertraute Wachsoldaten, seinem Freund und Briefpartner Eberhard Bethge nach Italien schickte, wo Bethge seinen Kriegsdienst ableistete. Trotz der angespannten Lage nach dem gescheiterten Attentatsversuch am 20. Juli 1944 ging die Korrespondenz zwischen Bonhoeffer und Bethge von August bis Oktober 1944 weiter wie bisher.

Am 4. Oktober 1944 verzichtete Bonhoeffer auf einen aussichtsreichen Fluchtversuch aus dem Gefängnis. Am 28 Oktober öffnete Bethge an seinem Arbeitsplatz in der Heereskommandantur in der Nähe von Mantua den per Boten gebrachten Brief, in dem er den auf ihn selbst ausgestellten Haftbefehl las. In der Sorge darum, dass die Gestapo Verknüpfungen finden oder konstruieren könnte, die ihnen beiden oder anderen zur Bedrohung werden könnten, verbrannte Bethge alle ihm noch verbliebenen Briefe und Ausführungen Bonhoeffers. Was gerettet war und veröffentlicht wurde, hatte er entweder vorher schon an seine Frau geschickt oder davon Kopien hergestellt und gesichert (vgl. Zitz,150ff.). Eberhard Bethge war ratlos:

„Ich war sehr erfüllt [...] von dem erstaunlichen Weiterfluß von Woche zu Woche. Ich war stolz und hilflos zugleich. Ich fühlte mich obenauf durch das gewährte Vertrauen und überfordert zugleich. So beherrschte mich der Wunsch, außer mit dem theologisch unerfahrenen Katholiken Rainalter schon mit den Berliner Freunden Austausch zu pflegen. Ich hoffte wohl auch, damit etwas sicherer zu werden für meine erwarteten Antwortbriefe auf Dietrichs Reflexionen“ (Zitz,141).

Bethge war unsicher, wie er mit diesen und ähnlichen Texten Bonhoeffers umgehen, wie er sie verstehen und behandeln sollte. Er war ehrlich genug, das zuzugeben. Er suchte den Austausch mit theologisch erfahrenen Kollegen.

Der Dornröschenschlaf insbesondere des von Bethge sehr unspezifisch „Entwurf für eine Arbeit“ genannten Schriftstücks unter der Nr. 187

in den Dietrich-Bonhoeffer-Werken (8,556ff.) erklärt sich nicht nur aus einer unbewussten Ausgrenzung Bonhoeffers durch maßgebliche Kirchenleitende und Theologen, sondern auch aus einer theologischen Verunsicherung teilweise bis in die Gruppe der ehemaligen Studierenden und Kandidaten Bonhoeffers in Berlin und Finkenwalde. Man war sich offensichtlich darüber einig, dass Bonhoeffers „Entwurf“ eine interessante Ansammlung zitierfähiger Sätze sei, aber nicht ein Exposé, dem man ansehen könne, „wie das Ganze eigentlich angelegt und gedacht war“ (8,336).

Das Werk war angelegt als ein Dreischritt:

1. „Bestandsaufnahme des Christentums“ (8,556) in der für Bonhoeffer typischen Verknüpfung von Erfahrung / Empirie und theologischer Betrachtung (8,556ff.).

2. „Was ist eigentlich christlicher Glaube?“ (8,556), d. h. a.) die These, auf der Bonhoeffer nach wie vor besteht, Jesus sei „Gott in Menschengestalt“, und b.) die öffnende Frage: „Was glauben wir wirklich, d. h. so, daß wir mit unserem Leben daran hängen? Problem des Apostolikum? [...]“ (8,559).

3. „Folgerungen“ (8,556), womit Bonhoeffer im „Entwurf“ zunächst an Konsequenzen für die Kirche, ihre Organisationsformen, die Ausbildung ihres Personals usw. gedacht hat (vgl. 8,560f.).

In Bonhoeffers Planung folgt in Abschnitt 1 c.) etwas über die „evangelische Kirche“, gemessen an dem Vorherigen in 1 a.) („Mündigwerden des Menschen“) und 1 b.) („Religionslosigkeit des mündig gewordenen Menschen“) fast ein Anhang, jedenfalls den wesentlichen vorherlaufenden Gedanken nachgeordnet.

Bonhoeffer plante hier (1 c.) eine Art Abrechnung mit Kirche und Theologie, mit dem evangelischen Christentum „als Religion“, als „Heilsanstalt“ (8,557) und insgesamt als eine um sich selbst besorgte Kirche, in der weder ein persönlicher „Christusglaube“ zu finden sei (8,557f.), noch „ganz freie Luft“ wehe (8,559f.).

Unter 2. führt Bonhoeffer die Frage „Was ist eigentlich christlicher Glaube?“ hin zur maßgeblichen Frage danach, was „wir“ „wirklich“ „glauben“. Er möchte in diesem Zusammenhang über die großen Fragen der evangelischen Dogmatik bis hin zur „Revision der ‚Bekenntnis‘frage (Apostolikum)“ (8,561) nur noch auf der Grundlage dieser Frage nach dem, was „wir“ „wirklich“ „glauben“, bzw. „was man selbst eigentlich glaubt“ (8,559f.), sprechen.

Das ist keine theologische Kleinigkeit. Zur selben Zeit arbeitete Karl Barth weiter an seinem eindrucksvollen Werk, das gerade umgekehrt nicht vom „wirklichen Glauben" eines „Wir", sondern von der „Offenbarung" in Jesus Christus her die Themen des christlichen Glaubensbekenntnisses aufschlüsselte.

Bonhoeffer nimmt sich theologisch das noch nie zuvor Gedachte vor: Er verknüpft den hermeneutisch bewussten theologischen Ansatz der Nachfahren der liberal-theologischen Tradition mit seiner eigenen Behauptung von der Transzendenzerfahrung bei und mit Jesus. Wie sollte das gehen? Z. B. damit, dass er scheinbar erledigte theologische Streitfragen der Vergangenheit wieder hervorholte und neu beleuchtete: Mit dem „Problem des Apostolikum?" bzw. der „Revision der ‚Bekenntnis'frage" knüpfte Bonhoeffer an die öffentliche theologische Debatte des ausgehenden 19. Jahrhunderts an, als sein Berliner Lehrer Adolf von Harnack (1851–1930) in den Jahrzehnte währenden Streit um die Geltung vor allem der altkirchlichen Bekenntnisse innerhalb der deutschen evangelischen Landeskirchen bei Ordinationen und Taufen eingegriffen hatte. Offensichtlich überlegte Bonhoeffer nach 20 Jahren Parteinahme für die Theologie Karl Barths, speziell beim Thema der „Jungfrauengeburt" die Position des Barth-Kontrahenten Harnack und damit die liberal-theologische Frage neu ins Spiel zu bringen im Sinne seiner eigenen Frage: „Was glauben wir wirklich"[75]

Sein Fragezeichen („Problem des Apostolikum?") signalisiert zugleich, dass er nicht einfach alte Kämpfe wiederholen und sich positionieren wollte, sondern die Frage eines wahrhaftigen Glaubens auf ein neues Niveau heben wollte.

Bonhoeffer hinterfragte Positionen, die unversöhnlich gegeneinander standen, nach denen sich „Liberale" und „Kirchlich-Positive", „Offenbarungstheologie" und „Luthertum", Lutherische und Reformierte oder auch Katholische und Evangelische in quasi-religiöse Parteien gegen einander in Stellung gebracht hatten. Der ganze Konfessionalismus erschien ihm nach 12 Jahren Menschenverachtung durch die Nazis überholt und theologisch unernst.

Der Kampf der Bekennenden in allen ihren Kirchen, ob römisch-katholisch, evangelisch-reformiert, evangelisch-lutherisch oder freikirchlich, hatte ihm gezeigt, dass die eigentlichen theologischen Fragen auf einer ganz anderen Ebene lagen als sie bisher an den Fakultäten und in den weitgehend konfessionell bis konfessionalistisch agierenden Kirchenleitungen gepflegt wurden. Mit seinem „Leben" jedenfalls musste niemand an der „Jungfrauengeburt" hängen. Mit einer theologisch durchdachten Revision der „überholten" „Kontroversfragen" bzw. der „Kontroverstheologie" (8,561) meinte Bonhoeffer der innerkirchlichen Ökumene einen Dienst zu erweisen. Was hätte er als „überholt" betrachtet: Wohl kaum das katholische „Lehramt", aber z. B. vielleicht die zwischen Katholiken und Evangelischen, Lutheranern und Reformierten strittige Lehre von der Realpräsenz Christi im Abendmahl im Sinne einer Trans- oder auch Kon-Substantation. An dem „Wie" der Gegenwart Christi in den oder an den Elementen von Brot und Wein hing jedenfalls Bonhoeffer nicht mit seinem Leben.

„Versicherungswesen"

Überraschend beginnt Bonhoeffer mit einer geistesgeschichtlich-phänomenologischen Betrachtung über das „Mündigwerden des Menschen" und kommt zum „,Versicherungswesen'" (in Anführungszeichen; 8,557). Er spitzt damit eine über Jahrhunderte gelaufene kulturelle Entwicklung elementar zu auf ein exemplarisches Phänomen der Gegenwartskultur, in dem sich der Prozess des Mündigwerdens anschaulich verdichtet: „Mit allem ist er [der Mensch] fertig geworden [z. B. mithilfe des Versicherungswesens], nur nicht mit sich selbst!" (8,557)

Im Unterschied zu dem Hauptstrom traditioneller „kirchlicher" Seelsorge, wie Bonhoeffer sie damals kannte, möchte er ein solches Bedürfnis nach Sicherheit und seine ökonomische Bewältigung im Sinne einer finanziellen „Minderung der Gefahr" nicht als Zeichen des Unglaubens abwerten und theologisch etwa als Streben des Menschen nach „securitas" (Sicherheit) statt „certitudo" (Gewissheit), gar als Verstoß gegen das 1. Gebot „madig" machen. Er akzeptiert den Geist der neuen Zeit als gesellschaftliche Voraussetzung, welche die theologische Rede von Jesus Christus ernst zu nehmen hat. Charakteristischerweise für seine neue Theologie führt Bonhoeffer nun gerade nicht „Gott" als Retter aus der Not ein, als die bessere Versicherung. Stattdessen konstatiert er: „,Gott' als Arbeitshypothese, als Lückenbüßer für unsere Verlegenheiten ist überflüssig geworden [...]" (ebd.). Was das heißt, hatte Bonhoeffer in vorlaufenden Briefen erläutert (8,476,532–534): Mit dem (west-)europäischen Säkularisierungsprozess, den Bonhoeffer als eine kulturelle Entwicklung zu Autonomie und Mündigkeit versteht, wird „Gott" aus dem Leben des mündigen Menschen herausgedrängt. Am 8. Juli 1944 hatte er die Richtung angedeutet, in die er von dieser Erkenntnis aus weiterdenken wollte:

Kein „Lückenbüßer"-Gott

„Ich will also darauf hinaus, daß man Gott nicht noch an irgendeiner allerletzten heimlichen Stelle hineinschmuggelt, sondern daß man die Mündigkeit der Welt und des Menschen einfach anerkennt, daß man den Menschen in seiner Weltlichkeit nicht ‚madig macht', sondern ihn an seiner stärksten Stelle mit Gott konfrontiert, daß man auf alle pfäffischen Kniffe verzichtet und nicht in Psychotherapie oder Existenzphilosophie einen Wegbereiter Gottes sieht. Dem Wort Gottes ist die Zudringlichkeit aller dieser Methoden viel zu unaristokratisch." (8,511)

Man hat das „Aristokratische" an Bonhoeffers Haltung teils bewundert, teils belächelt. Bonhoeffer dachte beim Aristokratischen nicht an den preußischen Landadel, auch nicht an den eigenen Bildungsbürgerstolz, sondern im Wortsinn an die Herrschaft bzw. an die „Verantwortung" der „Besten" oder auch des Besten für das Gemeinwesen.

Anleihen bei der Psychologie oder Philosophie zu machen, wenn einem theologisch nichts einfällt, hielt Bonhoeffer für schwach, für „unaristokratisch" und in der Sache sinnlos. Entweder gelang die „Konfrontation" des mündigen Menschen mit dem „Wort Gottes" in einem echten „Gespräch", möglicherweise im argumentativen Streit um das Verständnis von „Wahrheit" und „Wirklichkeit"; oder die Theologie hatte sich ins Schweigen zurückzuziehen.

Der Gott Jesu hat und ist nicht die „religiöse" „Lösung" für die Probleme, die sich der mündige Mensch selbst schafft, indem er sein Leben autonom organisiert. Eine „religiöse" Antwort wäre nur eine „prolongierte" Welt (8,558), d. h. die projektive Behauptung einer Wirklichkeit, welche nur eine Verlängerung der vorfindlichen Welt wäre, ausgedacht in ein imaginäres Jenseits. Dagegen wäre die Teilnahme am Sein Jesu die „Antwort" auf des Menschen Frage nach sich selbst, die sich der Mensch aber weder selbst geben, noch auch nur „religiös" ausdenken könnte. Sie passt nicht deckungsgleich zu des Menschen Frage. Sie befriedigt nicht „religiös". Sie führt den Menschen stattdessen über sich hinaus, transzendiert ihn im Sinne Jesu. Jesus ist „der aus dem Transzendenten lebende Mensch" (8,559).

„Christentum"

Bonhoeffer möchte im Unterschied zu früheren Arbeiten nicht bei der Kirche als der „Communio Sanctorum" beginnen, auch nicht beim „Anfang" allen Seins wie 1932 in „Schöpfung und Fall. Sein theologischer Einstieg liegt nicht mehr bei Kirchenkampf und Kirchenverfolgung wie in der „Nachfolge", sondern vergleichsweise distanziert bei einer „Bestandsaufnahme" des kulturellen Phänomens „Christentum". Man kann diese Verschiebung in der Theologie Dietrich Bonhoeffers in ihrer Bedeutung kaum überschätzen.

Die Begriffe „Religion", „‚Christentum'" (oft mit bedeutsamen Anführungszeichen versehen!), „Kirche" und „christliches Leben" changieren in Bonhoeffers Tegeler Briefen. Gelegentlich können sie fast das gleiche meinen. Man stelle nebeneinander Aussagen aus dem gleichen Brief: „‚Christentum' ist immer eine Form [...] der ‚Religion gewesen ..." (8,403f.) und: „[...] was bedeutet eine Kirche, eine Predigt, eine Liturgie, ein christliches Leben in einer religionslosen Welt?" (8,405).

Im „Entwurf" richtet Bonhoeffer sein Augenmerk zunächst übergreifend auf das „Christentum", ehe er zur „evangelischen Kirche" Stellung nimmt. Erst im letzten, im 3. Kapitel des Entwurfs, kommt er unter der wiederum bezeichnenden Überschrift „Folgerungen" dezidiert auf die „Kirche" zu sprechen. Von der Idee der „Kirche" als der allein maßgeblichen Instanz der Theologie ist Bonhoeffer nun weit entfernt. Kirche ist eine „Folgerung" aus der Erfahrung der Transzendenz. Was aber heißt das genau?

„Wunderbare Verwandlung"

Das Herz des „Entwurfs" liegt nicht in diesen oder jenen Aussagen, sondern in jener „wunderbaren Verwandlung" (8,571), einer Transformation des Menschen durch die „Begegnung mit Jesus Christus" bzw. „Teilnahme am Sein Jesu" (8,558). Bonhoeffer ging es um eine tatsächliche Veränderung im Leben derer, die an Jesu „Sein" „teilnehmen". Die existenzielle Seite des Glaubens sollte sich auf der reflexiven Seite, im vernünftigen Nachdenken aus Glauben und über den Glauben spiegeln. Das ist im Kern seine einzige „Methode".

Im „Entwurf" betont Bonhoeffer mehrfach die „Umkehrung alles menschlichen Seins", die er von der „Transzendenzerfahrung" in der

Begegnung mit dem Menschen-für-andere Jesus erwartet (8,558). Diese „Umkehrung alles menschlichen Seins“ besteht für ihn – gegen die Betonung gesagt, die Bonhoeffer selbst hier setzte – nicht ausschließlich in einem Dasein-für-andere, nicht in einem ethischen Appell, sondern in der Erfahrung, darauf verzichten zu können, „aus sich selbst etwas zu machen“ (s. u.), etwa einen „Heiligen“ oder einen „Gerechten“. Auch einen „bekehrten Sünder“ muss ich nicht aus mir machen. Die Transzendenzerfahrung ist für Bonhoeffer gerade der „Verzicht“ darauf, Entscheidendes wissen oder machen zu können in Bezug auf andere oder mich selbst oder Gott. Gott allein ist gerecht. Gott recht-fertigt je mich. Indem ich das weiß bzw. glaube, lebe ich in der mich verwandelnden Gegenwart Gottes im Menschen Jesus. Dies ist am 21. Juli 1944 die „Transzendenzerfahrung“. Daraufhin wirft“ Bonhoeffer sich aktiv Gott „in die Arme“. Darin erfährt er, theologisch gesprochen, die „Rechtfertigung“ durch Gott im Menschen Jesus. Man mag es eine „mystische“ Erfahrung nennen:

„Ich erinnere mich eines Gespräches, das ich vor 13 Jahren in Amerika mit einem französischen jungen Pfarrer hatte. Wir hatten uns ganz einfach die Frage gestellt, was wir mit unserem Leben eigentlich wollten. Da sagte er: ich möchte ein Heiliger werden (– und ich halte für möglich, dass er es geworden ist –); das beeindruckte mich damals sehr. Trotzdem widersprach ich ihm und sagte ungefähr: ich möchte glauben lernen. Lange Zeit habe ich die Tiefe dieses Gegensatzes nicht verstanden. Ich dachte, ich könnte glauben lernen, indem ich selbst so etwas wie ein heiliges Leben zu führen versuchte. Als das Ende dieses Weges schrieb ich wohl die ‚Nachfolge‘. Heute sehe ich die Gefahren dieses Buches, zu dem ich allerdings nach wie vor stehe, deutlich. Später erfuhr ich und ich erfahre es bis zur Stunde, daß man erst in der vollen Diesseitigkeit des Lebens glauben lernt. Wenn man völlig darauf verzichtet hat, aus sich selbst etwas zu machen – sei es einen Heiligen oder einen bekehrten Sünder oder einen Kirchenmann (eine sogenannte priesterliche Gestalt!), einen Gerechten oder einen Ungerechten, einen Kranken oder einen Gesunden – und dies nenne ich Diesseitigkeit, nämlich in der Fülle der Aufgaben, Fragen, Erfolge und Mißerfolge, Erfahrungen und Ratlosigkeiten leben, – dann wirft man sich Gott ganz in die Arme, dann nimmt man nicht mehr die eigenen Leiden, sondern das Leiden Gottes in der Welt ernst, dann wacht man mit Christus in Gethsemane, und ich denke, das ist Glaube, das ist μετάνοια [metanoia=Umkehr/Buße, wörtlich: neues Denken, B. V.]; und so wird man ein Mensch, ein Christ. (Vgl. Jerem 45!)“ (8,541f.).

Das „Geheimnis der Freiheit“ erfuhr er bei „Stationen“ zugleich seines Lebens und seines Denkens. Er nennt sie „Zucht“ (Selbstdisziplin), „Tat“, „Leiden“ und „Tod“ (8,570ff.). Dieses „Geheimnis“ wollte er weder biografisch, noch systematisch-theologisch fassen, sondern existenziell bewahren und leben. So widerfuhr ihm „wunderbare Verwandlung“. (8,571)

Die Frage und die These – Bonhoeffers „Methode“

„Was glauben wir wirklich? d. h. so, daß wir mit unserem Leben daran hängen?“ (8,559).

„Der aus dem Transzendenten lebende Mensch. [...] Interpretation der biblischen Begriffe von hier aus (Schöpfung, Fall, Versöhnung, Buße, Glaube, vita nova [neues Leben, B. V.], letzte Dinge.)“ (ebd.).

Die Frage („Was glauben wir wirklich?“) und die These (Transzendenzerfahrung Jesus) liegen nicht auf der gleichen Ebene. Die These ist keine „billige“ Antwort auf des Menschen Frage etwa nach Sinn oder Lebenskraft. Sie konfrontiert vielmehr den Menschen, der sich ehrlich fragt, ob und was er oder sie denn „wirklich“ „glaubt“, mit der Person des konkreten Menschen (!) „Jesus“. Es könnte sich dann zeigen, erweisen, offenbaren, als Erleuchtung einstellen, dass ein Mensch „wirklich“ „glaubt“, dass dieser Jesus das Geheimnis des menschlichen Lebens schlechthin ist und insofern auch sein Lebenssinn und seine seelische Kraft.

Die Frage eröffnet ein Gespräch. Sie ist tatsächlich ergebnisoffen und an ein nicht näher bestimmtes „Wir“ gerichtet. Die These spricht nicht von einer Dogmatik – das würde die offene Frage ad absurdum führen. Sie spricht in Wahrheit von einer „Gotteserfahrung“ bzw. „Transzendenzerfahrung“. Hier wird nur auf der Oberfläche der Worte argumentiert. Eigentlich geht es um die Hinführung zu einer persönlichen, einer existenziellen Erfahrung.

Im „jeweils“ gegebenen, erreichbaren Nächsten könnte ich oder könnten „wir“ das Geheimnis Jesu Christi ahnen, fühlen, glauben, von ihm ergriffen und in Anspruch genommen werden. Bonhoeffer mag an Matthäus 25,31ff., das Gleichnis vom Weltgericht gedacht haben, auch an Martin Luthers gelegentliche Identifikation des Christen mit Christus, indem ein Mensch dem Nächsten zum Christus wird:

„[...] meinem Nächsten gegenüber auch ein Christ [zu] werden, so wie Christus es mir geworden ist, und nichts mehr tun als das, wovon ich sehe, daß es ihm not, nützlich und selig ist, weil ich doch durch meinen Glauben in allen Dingen in Christus genug habe." (Luther Freiheit,260[76])

Auf dem Erfahrungsweg klärt sich das Denken. Aus dem Beten und dem Tun des Gerechten heraus erwartete Bonhoeffer neuen Glauben und neue Theologie: „Alles Denken, Reden und Organisieren in den Dingen des Christentums muß neugeboren werden aus diesem Beten und diesem Tun" (8,435f.).

Bonhoeffer möchte Glauben und Leben, Theologie und allgemeine Geistigkeit in eine größere Nähe zueinander bringen. Deshalb sollen „die Pfarrer" (8,560) „an den weltlichen Aufgaben des menschlichen Gemeinschaftslebens" teilnehmen und dabei „den Menschen aller Berufe sagen, was ein Leben mit Christus ist, was es heißt, ‚für andere dazusein'" (ebd.). Dafür muss die „Vorbereitung auf das Amt" neu gestaltet werden (8,561), wobei Bonhoeffer zunächst nur an Theologiestudium und Vikariat der zukünftigen Pastoren (und Pastorinnen) zu denken scheint.

Er zögerte, Menschen, die sich ausdrücklich nicht als Christen bezeichneten, selbst auf deren Wunsch hin eine Andacht zu halten (Bethge, 1036). Er hielt sich selbst für keine „religiöse Natur". Frommes Gott-Gerede war ihm unangenehm (16,325). Darum sollten wir uns Bonhoeffers Hinweise davon, „was ein Leben mit Christus ist", nicht als eine evangelikal gefärbte missionarische Predigt vorstellen. Der Arbeiterpriester an der Werkbank, an den Bonhoeffer in Erinnerung an seinen französischen Freund Jean Lasserre (1908–1993) gedacht haben mag, hält in der Regel keine Andachten. Er hält das Leben solidarisch mit den anderen aus. Er gestaltet Leben mit. So „sagt" er vielleicht ohne Worte, „was ein Leben mit Christus ist". Es sollte jedenfalls etwas „gewonnen" werden für den „religionslosen Arbeiter oder Menschen überhaupt" (8,405). Selbstverständlich gelegentlich, zum richtigen Zeitpunkt, auch mithilfe von Worten

„Weltliche Interpretation der biblischen Begriffe"?

Menschen, die das „Ganze" suchen und sich dabei Jesus nähern, werden möglicherweise „hineingerissen" in das „messianische Leiden" Jesu Christi (8,535f.). Sie wachen mit Jesus in Gethsemane (8,535). Sie stehen bei den Menschen in ihren und damit bei Gott in seinen Leiden (8,516). Sie nehmen Teil am Sein Jesu.

Ihr Herz öffnet sich für das Wunder am Wegesrand ebenso wie für den konkreten Menschen an ihrer Seite. Sie befreunden sich mit sich selbst. Sie leben möglichst nicht auf Kosten anderer. noch zwingen sie sich selbst zu einem Leben in falschen religiösen Bindungen und Hemmungen (8535). Sie lassen sich von dort herausrufen. Sie bekommen „seelische Kraft" (8,557). Sie erleben und leben ihr Leben mehrdimensional und mehrstimmig: „polyphon" (8,440ff.,453). Ihr Leben gleicht mit allen Unvollkommenheiten und Abbrüchen, am Ende mit dem Tod als dem definitiven Abbruch in dieser Welt einer Symphonie von Fugen, deren Vollendung allein göttliche Sache ist (8,336). Ihnen öffnet sich ein neuer Blick und Sinn dafür, in den Texten der Bibel das Geheimnis von Gottes Wort zu ahnen und zu bestaunen und zu verstehen (vgl. 8,559: „Interpretation der biblischen Begriffe von hier aus"). Sie finden sich vor im Gespräch zwischen Himmel und Erde. Mit Abraham und Sara, Mose und den Propheten, ja, mit Maria, mit Petrus, Maria Magdalena und mit Jesus und Paulus sind sie in einer seelisch-geistigen Beziehung über Orten und Zeiten hinweg. Sie sind diejenigen Menschen, die die „weltliche Interpretation der biblischen Begriffe"" (8,512) werden leisten können.

Bonhoeffer beantwortet auf diese Weise die hermeneutische Frage in seiner eigenen Notiz vom Juli 1944: „Wahrheit und Auslegung der Schrift. Testim[onium] spiritus sancti? P[rinzip]? Sui ipsius interpres? Instanz außerhalb?" (8,506).

Die „Schrift" (Bibel) legt sich gewissermaßen selbst aus („sui ipsius interpres"), nämlich in und durch Menschen, die durch ihre Existenzweise einen besonderen Sinn dafür bekommen haben, den biblischen Erzählungen, den biblischen Texten insgesamt ihr Geheimnis zu erlauschen, die große Erzählung von Gottes Liebe zur Welt.

„Außerhalb" ist diese „Instanz", die über „wahrhaftig" und „falsch" entscheidet, insofern, als Bonhoeffer sie in das Äußere der menschlichen Existenz, des tatsächlichen menschlichen Lebens verlegt. Nicht im vielleicht frommen, vielleicht „religiös" gestimmten, Herzen allein, nicht in der Studierstube des Predigers, der Theologin, werden die „biblischen Begriffe" wahrheitsgemäß ausgelegt, sondern von Menschen, die in der Nähe Jesu leben und handeln.

Die hermeneutische Frage

Ende Juli / Anfang August 1944 heißt es in einer Zettelnotiz, in der bereits Stichworte für das geplante Manifest stehen:

„Die Verdrängung Gottes aus der Welt ist die Diskreditierung der Religion/ ohne Gott leben/ Wie aber, wenn das Christentum gar keine Religion wäre? weltliche nicht-religiöse Interpretation der christlichen Begriffe. Christentum entspringt aus der Begegnung mit einem konkreten Menschen: Jesus. Transzendenzerfahrung / die Gebildeten? Zusammenbruch der christlichen Ethik [...]“ (8,546f.).

Bonhoeffer deutet hier das Problem an, das er hermeneutisch noch zu lösen gehabt hätte. Die „Transzendenzerfahrung“ am „konkreten Menschen: Jesus“ führt in Bezug auf die Interpretation der Bibel ein hermeneutisches Problem mit sich. Wenn es so ist, dass die Menschen, die am „Sein Jesu“ teilnehmen, die Bibel wahrhaftig interpretieren, müssen wir fragen: Und die „religionslosen Arbeiter oder Menschen überhaupt“ (8,405)? Haben „die Gebildeten“ ihnen etwas voraus? Müssen die „religionslosen Arbeiter“ mindestens so weit „gebildet“ sein, dass sie dadurch an der entscheidenden „Transzendenzerfahrung“ Anteil haben können? Oder geht es gar nicht um „Bildung“ im klassischen Sinn? Geht es um „Charakterbildung“ (6,325), um Menschlichkeit im besten Sinn, Humanität, um das Für-einander-Dasein? Und versteht also die Bibel nur, wer seinen Nächsten liebt? Ist das der Kern der Sache?

Was hat der „Zusammenbruch der christlichen Ethik“ in diesem Zusammenhang zu bedeuten? Zumindest gab es bei Bonhoeffer eine Assoziation, die „ohne Gott leben“ über die „weltliche nicht-religiöse Interpretation der christlichen Begriffe“ mit dem „Zusammenbruch der christlichen Ethik“ verknüpft[77] ...

Bonhoeffer wusste, dass er mit seinen teilweise neuen Gedanken und seinen gewagten Zuspitzungen („Christentum entspringt aus der Begegnung mit einem konkreten Menschen: Jesus.“) sich in systematischer Hinsicht zunächst unübersehbare Probleme eingehandelt hatte. Er war auf die „Anfänge des Verstehens“ (8,435) zurückgeworfen.

„Auf die Anfänge des Verstehens zurückgeworfen“

„[...] auch wir selbst sind wieder ganz auf die Anfänge des Verstehens zurückgeworfen. Was Versöhnung und Erlösung, was Wiedergeburt und

Heiliger Geist, was Feindesliebe, Kreuz und Auferstehung, was Leben in Christus und Nachfolge Christi heißt, das alles ist so schwer und so fern, daß wir es kaum mehr wagen, davon zu sprechen“ (Taufbrief, Mai 1944; 8,435). Die „Anfänge des Verstehens“ weisen im Wortsinn in seine biografischen Anfänge.[78] Das soziale Miteinander in der Familie („Dasein-für-andere“) und die freie Geistigkeit bei Bonhoeffers („Im Gespräch kann immer etwas Neues geschehen“) hatten eine ganz natürliche geistige Verbindung mit jener Zuordnung von Theologie, Kirche und Mensch, wie sie in der ersten Hälfte des 19. Jahrhunderts Schleiermacher mit seinem Begriff von der Theologie als einer „freien Geistesmacht“ zusammenfasste.[79] Bonhoeffer wurde im Tegeler Gefängnis deutlich, dass er doch stark mit dem Erbe der einige Jahre auch von ihm verschmähten „liberalen Theologie“ verknüpft war. In den Tagen, als er an seinem „Entwurf“ arbeitet, schreibt er (am 3.8.1944) an Bethge:

„Die Kirche muß aus ihrer Stagnation heraus. Wir müssen auch wieder in die freie Luft der geistigen Auseinandersetzung mit der Welt. Wir müssen es auch riskieren, anfechtbare Dinge zu sagen, wenn dadurch nur lebenswichtige Fragen aufgerührt werden. Ich fühle mich als ein „moderner“ Theologe [damit meinte Bonhoeffer seine Nähe zur Theologie Barths! B. V.], der doch noch das Erbe der liberalen Theologie in sich trägt, verpflichtet, diese Fragen anzuschneiden. Es wird unter den Jüngeren nicht viele geben, die das beides in sich verbinden“ (8,555).

Er suchte die Verknüpfung des Erbes der liberalen Theologie des 19. Jahrhunderts mit der „modernen“ Offenbarungstheologie vom Beginn des 20. Jahrhunderts. Er suchte die Ebene darüber hinaus, heraus aus den Schubladen der theologischen Schulstreitigkeiten.

Offensichtlich waren weder mit Barth noch mit der Luther-Renaissance der 20er-Jahre die Aufgaben der Theologie einfach erledigt, wie sie sich Schleiermacher, Harnack und Bultmann gestellt hatten und wie sie Bonhoeffer neu aufgreifen und anders lösen wollte. Bonhoeffer nahm die Frage der liberal-theologischen Tradition nach der Verknüpfung von aufgeklärter und wissenschaftlich denkender Moderne und Glaube und Theologie theologisch ernst. Dabei wollte er das aus seiner Sicht typische liberale Reduktionsverfahren vermeiden, nach dem die christliche Lehre faktisch auf das hin reduziert wurde, was der sogenannte aufgeklärte oder moderne Mensch „noch“ glauben konnte. Pointiert gesagt, blieb von der ganzen Lehre von Jesus Christus nach Schleiermacher zuletzt nur das kräftige Gottes- und Selbstbewusstsein Jesu übrig, nach Harnack Jesu

Gottvertrauen und der unendliche Wert der Menschenseele, bei Bultmann die sogenannten Existentialien, das Bewusstsein des Menschen von seiner Fehlbarkeit und Vergänglichkeit.

Das war Bonhoeffer zu wenig, vor allem zu wenig biblisch gedacht. Das trug nicht. Es veränderte keine Existenz. Bonhoeffer fragte nicht, was die Menschen „noch" „glauben" könnten, was also theologisch sozusagen vor dem Forum der modernen Vernunft durchgehen konnte. Bonhoeffer fragte, was die Menschen „wirklich" glaubten, so dass sie mit ihrem „Leben" daran hingen und sich die Welt darunter zum Besseren veränderte. Weniger wollte er nicht.

Dafür schien ihm nun auch Barths Weg in eine „Kirchliche Dogmatik" nicht mehr sinnvoll; denn hier konnte unbeabsichtigt, aber de facto eine Art Glaubensgesetz aufgerichtet sein, eine kirchliche Lehre, von der man meinen konnte, dass man sie als Ganzes zu schlucken hätte, ehe man sich als Christ oder Christin in der Nähe Jesu verstehen könnte (8,415). Darum konnte es nicht ausbleiben – und Barth hat den tieferen Grund dieser fundamentalen Infragestellung nie wirklich verstehen können[80] –, dass Bonhoeffer die bis dahin weitgehend übernommene Offenbarungstheologie Barths in der kirchlich-restaurativen Form, in der er sie in der Bekennenden Kirche erlebt hatte, in seine Kritik der „Religion" einbeziehen musste.

Statt mit Hilfe der Theologie und etwa in Predigten die Geheimnisse des Glaubens zu wahren, sah es für Bonhoeffer so aus, als verunstalteten (Bonhoeffer: „profanierten") die Kirchenleute die Schönheit des christlichen Glaubens sogar (8,415[81]), wenn sie sich wie Wahrheitsbesitzer aufspielten und ihren Kirchenglauben zum religiösen Gesetz erhoben, statt die „Stufen der Erkenntnis und Stufen der Bedeutsamkeit" (8,415) zu respektieren.

Als Beispiele einer von ihm so genannten „offenbarungspositivistischen" Theologie (8,404,415,481f.), die den Menschen wie ein religiöses Gesetz vorkommen konnte, nannte Bonhoeffer die Lehre von der Trinität (8,415) und das von seinem früheren Lehrer Adolf von Harnack öffentlich kritisierte Dogma von der „Jungfrauengeburt" (vgl. 8,559: „Problem des Apostolikum?"). Bonhoeffer war bereit, bestimmte theologische Vorstellungen eine Zeit lang nicht mehr öffentlich zu traktieren und stattdessen mit den dafür interessierten Menschen an die Anfänge des Verstehens zurück zu gehen.

Man kann nach dem bisher Ausgeführten Eberhard Bethges Erstaunen und seine Verunsicherung nachvollziehen. Jahrelang waren sie gemeinsam mit dem Predigerseminardirektor, „Bruder Bonhoeffer", einer Auffassung gewesen, was Kirche und Welt, Luthers Kreuzestheologie und Barths Offenbarungstheologie und Trinitätslehre sowie seine Opposition zur Tradition der liberalen Theologie anging – und nun das!

Biblizismus und Bultmann

Bonhoeffers neue Theologie, so wie er sie plante, versteht Theologie im Unterschied zu früher nicht oder nicht mehr in erster Linie als eine Funktion der Kirche, wie er selbst es bis dahin vielfach betont hatte. Die „Kirche" sollte für Bonhoeffer noch eine wesentliche Rolle spielen; aber sie war nicht mehr die Voraussetzung seiner Theologie. Wer oder was ist das dann?

Für einen Lutheraner liegt die Antwort nahe: Die Bibel! Sola scriptura. Allerdings haben sich auch in Bonhoeffers Bibelverständnis die Akzente sukzessive nach Eintritt in die Konspiration deutlich verschoben:

In seiner Vorlesung „Schöpfung und Sünde", veröffentlicht als „Schöpfung und Fall" (1933), hieß es: „Allein die Kirche, die vom Ende weiß, weiß auch vom Anfang [...] Theologische Auslegung nimmt die Bibel als das Buch der Kirche und legt es als solches aus" (3,21f.). Die Bibel ist das „Buch der Kirche"; und allein „die Kirche" weiß vom Ende, also auch vom Anfang aller Geschichte und allen Lebens, vom Anfang der Schöpfung aus Gott. Darum muss die Kirche durch ihre Theologie dafür Sorge tragen, dass die Bibel „theologisch" ausgelegt wird.[82] Diese Argumentation basiert auf einem Zirkelschluss, der alle ausschließt, die die Grundannahmen nicht teilen. Inspiriert von Karl Barths „Römerbrief", referierte der Theologiestudent Bonhoeffer entsprechend über „pneumatische Exegese" (1925; 9,305–323)[83], wobei Barth selbst sich dagegen gewehrt hatte, ein „Pneumatiker" [einer, der vorgibt, direkt aus dem Heiligen Geist zu sprechen, B. V.], gescholten zu werden, ein „Biblizist" [einer, der die Bibel unkritisch liest] und „abgesagter Feind der historischen Kritik" (Römerbrief, XIII).

Für Bonhoeffer bedeutete „theologische Auslegung" der Bibel, sich kräftig abzugrenzen von und zu verteidigen gegen die damals vorherrschende Art wissenschaftlicher Bibelexegese, die die Methoden der vergleichenden Religionswissenschaft („religionswissenschaftliche Schule") und der (literatur-)historisch-kritischen Textanalyse zur Anwendung brachte. Bonhoeffer hielt diese nicht spezifisch „theologischen", sondern historischen und literaturwissenschaftlichen (philologischen) Methoden der Textauslegung nicht für gänzlich überflüssig, aber doch für sachlich unerheblich, häufiger auch für eine gefährliche Verdrehung der theologischen Blickrichtung: Der Mensch gehe, bewaffnet mit seinem exegetischen Werkzeugkasten, an die Bibeltexte heran und zerschneide sie nach eigenem Gutdünken, statt aus den Bibeltexten den lebendigen Gott wie in einem Liebesbrief zu sich reden zu hören.

Das problematische Selbstbewusstsein, mithilfe einer „pneumatischen" bzw. theologischen" Exegese durch die historische Betrachtung hindurch in den „Geist der Bibel" (Barth) vorstoßen zu können und dabei wunderbarerweise selbst davor gefeit zu sein, eigenen Vorurteilen aufzusitzen, dem hermeneutischen Zirkel[84] jedenfalls teilweise zu entkommen, teilte er in diesen Jahren mit Karl Barth. Man kann diese gegenüber den exegetischen Disziplinen und dem damaligen Stand der hermeneutischen Wissenschaft nicht ganz gerechte Position als „Biblizismus" bezeichnen, wie es Carl Friedrich von Weizsäcker tut.[85] Bonhoeffer hatte geahnt, dass die hermeneutische Angelegenheit für ihn keineswegs abschließend geklärt war. Schon zur Zeit der Erarbeitung der „Nachfolge" denkt er an die Ausarbeitung einer „Hermeneutik":

„Ich hoffe [...] mein Buch fertig zu bringen, und hätte dann schon wieder große Lust, an eine Hermeneutik zu gehen. Hier scheint mir eine ganz große Lücke zu liegen."[86] (14,257)

Um die „Lücke" einigermaßen zu schließen, las Bonhoeffer in Finkenwalde die 1880 erschienene „Biblische Hermeneutik" von J. C. K. Hofmann. In Hofmanns Buch konnte er aber nichts über Albert Schweitzers (1875–1965) Abrechnung mit der historischen Kritik des Neuen Testaments finden oder von Rudolf Bultmanns Versuch, beraubt jeder sicheren Kenntnisse vom historischen Jesus dem modernen Menschen eine existential-philosophische Kreuzestheologie zur persönlichen Glaubens-„Entscheidung" anzubieten. Bonhoeffer wusste, dass er sich insbesondere noch einmal mit Bultmann würde auseinandersetzen müssen. Er bewunderte dessen intellektuelle Redlichkeit, meinte aber, Bultmanns Konzept reduziere die neutestamentlichen Aussagen (8,414,482).

„Man kann nicht Gott und Wunder voneinander trennen (wie Bultmann meint), aber man muß *beide* „nicht-religiös" interpretieren und verkündigen können. Bultmann's Ansatz ist eben im Grunde doch liberal (d. h. das Evangelium verkürzend), während ich theologisch denken will"

(8,414). „Theologisch denken" hieß für Bonhoeffer 1944, sich in größter „Redlichkeit" hineinzuwagen in bisher nicht Gedachtes:

„Wir können nicht redlich sein, ohne zu erkennen, daß wir in der Welt leben müssen – „etsi deus non daretur" [als ob es Gott nicht gäbe]. Und eben dies erkennen wir – vor Gott! Gott selbst zwingt uns zu dieser Erkenntnis. So führt unser Mündigwerden zu einer wahrhaftigeren Erkenntnis unserer Lage vor Gott. Gott gibt uns zu wissen, daß wir leben müssen als solche, die mit dem Leben ohne Gott fertig werden. Der Gott, der mit uns ist. Ist der Gott, der uns verläßt (Markus 15,34)! Der Gott, der mit uns in der Welt leben läßt ohne die Arbeitshypothese Gott, ist der Gott, vor dem wir dauernd stehen. Vor und mit Gott leben wir ohne Gott" (8,533f.). Wie aber lässt sich „ohne die Arbeitshypothese Gott" die Bibel lesen und interpretieren?

Theologische Transformation

Im Gespräch mit Mitgefangenen wollte Bonhoeffer nur dann von „Gott" sprechen, wenn dies ausdrücklich gewünscht war. Er wollte in der Gemeinschaft mit Agnostikern und Atheisten nicht den Anschein erwecken, dass er als Christ das Privileg hätte, angesichts der für sie alle akuten Lebensbedrohung „religiös" von Gott sprechen zu können, wenn seine Gesprächspartner(innen) „ohne Gott" auskommen mussten (Bethge,1036). In der Begegnung mit dem jeweils gegebenen erreichbaren Nächsten (8,558) sollte sich für Bonhoeffer die „Transzendenzerfahrung" ergeben, theologisch gesehen die Transformation auf eine Ebene jenseits der überkommenen Denkschulen.

Bei aller freundlichen Gesprächsbereitschaft und als kulturell und politisch wacher Zeitgenosse bestand auch der alt gewordene Barth darauf, als Theologe etwas über die Bibel zu wissen, was der „moderne Mensch" eben nicht weiß oder vergessen hat oder nicht wahrhaben will, nämlich, dass auch er oder sie Geschöpf, Kind und Partner und Partnerin des einen Gottes Vater, Sohn und Heiliger Geist sei, ob er oder sie das nun „glaubend" anerkenne und bekenne oder nicht. Diese Haltung machte Barth bis in Theologenkreise einerseits zum geschätzten Gesprächspartner und zum tröstlichen „Kirchenvater des 20. Jahrhunderts", andererseits in den Augen vieler damals nach dem Krieg junger Theologen zu einem Fossil aus einer untergegangenen Geisteswelt. Erst heute interessiert man sich neu für sein Werk und wird dabei erneut um die offen gebliebenen Fragen nicht herumkommen. Vielleicht suchen viele bei Barth eine Glaubensgewissheit, die ihnen selbst längst fehlt.

Rudolf Bultmann wollte dem modernen Menschen zugeben, dass sich spätestens seit dem 19. Jahrhundert die Koordinaten seines Weltbildes und seines Weltempfindens derart geändert hatten, dass es wenigstens den aufgeklärten Menschen Europas im 20. Jahrhundert nicht mehr zuzumuten sei, unbesehen und uninterpretiert die Inhalte der christlichen Dogmatik insbesondere in ihrer „mythologischen" Form „glauben" zu sollen. Letztlich gibt aber auch Bultmann die Bibel nicht in die Hände der modernen Menschen. Auch er möchte theologisch und philosophisch einen Vorsprung des Wissens und Verstehens behaupten.

Barth fand insbesondere in den Predigten Bultmanns und seiner Schüler wenig Substanz, eine „ganz dünne Lauge"[87]: „Eine ganz dünne Lauge wird aus Johannes und Paulus und den Synoptikern entnommen – das gilt! Und alles übrige muß dann [bei der „Entmythologisierung", B. V.] wegfallen, nicht nur darum, weil es nicht existential interpretiert werden kann, sondern auch darum, weil es eben unserem Weltbild nicht entspricht." (Gespräche 1963, 249).

Das Urteil ist nicht gerecht. Bultmann wusste, dass er nicht konsequent sein konnte, dass ein bedeutsamer mythologischer Rest bleiben musste. Allein die Rede von „Gott" oder „Christus", von „Kreuz", von „Ewigkeit", auf die Bultmann keineswegs verzichten wollte, war in gewisser Hinsicht „mythologisch", sprach von einer als wahr gedachten Wirklichkeit, die nicht in den Begriffen des „modernen Menschen" zu finden war. Bultmann konnte sehr tröstend predigen konnte und dabei die großen Begriffe der theologischen Tradition verwenden.[88]

Maria im Eastend - eine Predigt (1933)

Bonhoeffers Predigten, sämtlich gehalten vor seinen Überlegungen zur „nicht-religiösen" und „weltlichen" Interpretation", zeigen, dass es ihm gelungen ist, als „moderner Mensch" modernen bzw. „mündigen" Menschen die Bibel auszulegen, „im" Text bleibend, und gerade so ganz bei und zu den Menschen. Bonhoeffers Predigt ist gehaltvoll, weil er in den Text „hineingerissen" ist.

Am 3. Advent 1933 predigt er in seiner Londoner Gemeinde über Lukas 1,46–55. Die Sprache ist nicht ohne Pathos; aber das Pathos ist getragen von der Sache. Bonhoeffer benutzt bildstarke, auf Erleben gehende

Verben. Da ist nicht bloß etwas zu „begreifen“, sondern auch zu „fühlen“. Da „naht“ Gott nicht bloß, sondern „bricht“ er ins Leben hinein und tut so „Wunder“. Das Wunder besteht nicht zuletzt darin, dass wir nicht Zuschauende bleiben, sondern „hineingerissen“ werden in die Aktion Gottes, dass wir mitzuspielen beginnen. Die Predigt nimmt ihren Anfang:

„Dieses Lied der Maria ist das älteste Adventslied. Es ist zugleich das leidenschaftlichste, wildeste, ja man möchte fast sagen, revolutionärste Adventslied, da je gesungen worden ist. Es ist nicht die sanfte, zärtliche, verträumte Maria, wie wir sie manchmal auf Bildern dargestellt sehen, sondern es ist die leidenschaftliche, hingerissene, stolze, begeisterte Maria, die hier spricht. Nichts von den süßen, wehmütigen oder gar spielerischen Tönen mancher unserer Weihnachtslieder, sondern ein hartes, starkes, unerbittliches Lied von stürzenden Thronen und gedemütigten Herren der Welt, von Gottes Gewalt und von der Menschen Ohnmacht. Es sind die Töne der prophetischen Frauen aus dem Alten Testament, Debora, Judith, Mirjam, die hier im Munde der Maria lebendig werden, Maria, die vom Geist ergriffen und gefaßt, Maria, die gehorsam und demütig an sich geschehen läßt, was der Geist ihr gebietet, die den Geist wehen läßt, wo er will, sie spricht aus diesem Geist heraus vom Kommen Gottes in die Welt, vom Advent Jesu Christi.“ (13,338)

Drei Sätze voller biblischer und aktueller Bezüge, die im weiteren Fortgang entfaltet werden. Eine vorwärtstreibende, leidenschaftliche Sprache, so poetisch wie prophetisch.

Bonhoeffer soll nicht mit viel Pathos gesprochen haben, bei der Predigt „eher schwer, fast stockend“, erinnerte sich Eberhard Bethge (Bethge, 19). Ruth-Alice von Bismarck hatte dagegen den leidenschaftlichen Prediger in Erinnerung (mündliche Mitteilung).

Der sprachliche Duktus dieser Predigt ist – wie in so vielen von Bonhoeffer – jedenfalls nicht stockend oder schwerfällig, sondern bei aller Thetik: „Dieses Lied [...] „ist ...; „Es ist [...];, „Es ist [...]; es ist“ [...] „Nicht von [...], sondern“; „Es sind [...] geradezu von tänzerischem Überschwang: „zugleich“ ... „das leidenschaftlichste, wildeste, ja man möchte fast sagen, revolutionärste Adventslied, das je gesungen worden ist [...] die leidenschaftliche, hingerissene, stolze, begeisterte Maria, die hier spricht“.

Es kann „hinreißend“ sein, solch eine Predigt zu hören. Für „Religiöse“ und für „Nicht-Religiöse“. Für Offenbarungstheologen und solche, die für den modernen Menschen das antike Weltbild von der eigentlichen Botschaft trennen wollen. Selbstverständlich sagt der junge Prediger –

1933 war Dietrich Bonhoeffer 27 Jahre jung – auch etwas zur „Jungfrau" Maria: „Sie weiß ja besser als irgendein anderer, was es heißt, auf Christus zu warten. Sie erwartet ihn als seine Mutter. Er ist ihr näher als irgendeinem anderen, sie weiß um das Geheimnis seines Kommens, um den Geist, der hier im Spiele ist, um den allmächtigen Gott, der seine Wunder tut" (13,338f.).

Bonhoeffer bleibt „im" Text. Er predigt nicht „darüber". Er problematisiert nicht ein Glaubensgesetz, an" die „Jungfrauengeburt" „glauben" zu „müssen". Er hält keinen Vortrag, weder einen religionsgeschichtlichen, einen historisch-kritischen, noch einen offenbarungstheologischen. Er sagt vielmehr, was er selbst „wirklich glaubt". Und er glaubt Gott „sein Wunder" tun in dieser hingerissenen und die Predigthörenden hinreißenden Frau, die ihr revolutionäres Adventslied gegen die „Herren dieser Welt" singt.

„Wo unser Verstand sich entrüstet, wo unsre Natur sich auflehnt, wo unsere Frömmigkeit sich ängstlich fernhält, dort, gerade dort liebt es Gott zu sein. Dort verwirrt er den Verstand der Verständigen, dort ärgert er unsere Natur, unsere Frömmigkeit – dort will er sein und keiner kann's ihm verwehren – und nur die Demütigen glauben ihm und freuen sich, daß Gott so frei und so herrlich ist, daß er Wunder tut, wo der Mensch verzagt, daß er herrlich macht, was gering und niedrig ist" (13,339).

Dieser Gott „tut Wunder" „in der Niedrigkeit", ja: ist „Gott in der Niedrigkeit – das ist das revolutionäre, das leidenschaftliche Adventswort. Zunächst Maria selbst – die Zimmermannsfrau, sagen wir: die arme Arbeiterfrau, unbekannt, bei den Menschen unangesehen – nun aber gerade in ihrer Unansehnlichkeit, in ihrer Niedrigkeit bei den Menschen von Gott angesehen und ausersehen, Mutter des Weltenretters zu sein ..." (ebd.).

Der Prediger verwendet die großen Worte der christlichen Tradition, aus deren Menge ihm später wenigstens einige, die im engeren und weiteren Bezug zur Taufe stehen, exemplarisch für alle überlieferten Worte, so „schwer und fern" erscheinen, „daß wir es kaum mehr wagen, davon zu sprechen" (Mai 1944; 8,435). Er spricht von „Advent" und „Wunder", vom „Weltenretter", verwendet und genießt den Luther-Text. Gelingt ihm etwa nicht der Brückenschlag zu seinen Zuhörenden? Gelingt ihm nicht eine „Interpretation", die für den „religionslosen Arbeiter" (8,405) „Entscheidendes" gewinnt (ebd.)?

„Maria, die harte, fromme, in ihrem Alten Testament lebende und auf ihren Erlöser hoffende niedrige Arbeiterfrau – die Mutter Gottes. Christus, der arme Arbeitersohn im Eastend von London, Christus in der Krippe ... Gott schämt sich der Niedrigkeit des Menschen nicht, er geht mitten hinein, erwählt einen Menschen zu seinem Werkzeug und tut seine Wunder dort, wo man sie am wenigsten erwartet. Gott ist nahe der Niedrigkeit, er liebt das Verlorene, das Unbeachtete, Unansehnliche, das Ausgestoßene, das Schwache und Zerbrochene, wo die Menschen sagen: verloren, da sagt er: gefunden, [wo die Menschen sagen] „gerichtet" [, da sagt er] „gerettet", wo die Menschen sagen: Nein!" [ersetzt: „ausgestoßen" – Bonhoeffer meint die Juden und die Flüchtlinge aus NS-Deutschland, B. V.], da sagt er: Ja! Wo die Menschen ihren Blick gleichgültig oder hochmütig wegwenden, da ist sein Blick von einer Glut der Liebe wie nirgends sonst.[...] wo wir uns Gott so fern fühlen, wie irgend je im Leben, da gerade ist Gott uns so nah wie nie zuvor, da will er in unser Leben einbrechen, da läßt er uns sein Herannahen fühlbar spüren, damit wir das Wunder seiner Liebe, seiner Nähe, seiner Gnade begreifen sollen" (13,339f.).

„Christus, der arme Arbeitersohn im Eastend" ... solche Zuspitzung kontextueller Christus-Botschaft hatte Dietrich Bonhoeffer in New York 1930/31 erlebt, wenn die afro-amerikanischen Prediger vom „schwarzen Christus" („black Christ") predigten. Dieser Christus bedeutet den „Beginn einer völligen Umkehrung, Neuordnung aller Dinge dieser Erde" und hat mit Weihnachten als einer „idyllischen Familienangelegenheit" nichts zu tun (vgl. 13,341):

„Wenn wir an diesem Advents- und Weihnachtsgeschehen teilnehmen wollen [...] dann werden wir selbst in diese Handlung, die da geschieht, in diese Umkehr aller Dinge mit hineingerissen, da müssen wir mitspielen auf dieser Bühne ..." (13,341).

Der „Thron Gottes in der Welt" ist das Gericht über die Gewalthaber. Bonhoeffer weiß, dass die Zuhörenden die Diktatoren in Deutschland, in Italien und in der Sowjetunion mitdenken:

„Es gibt für einen Starken, für einen Großen dieser Welt nur zwei Orte, an denen ihn sein Mut verläßt, vor denen er sich in tiefster Seele fürchtet, denen er scheu ausweicht. Das ist die Krippe und das Kreuz Jesu Christi" (13,342).

Am Ende eine – für Bonhoeffer typische – ethische Wendung in Bezug auf das eigene Handeln, das Handeln der lauschenden Gemeinde:

„Gott läßt sich nicht spotten. Er läßt es nicht hingehen, daß wir Jahr um Jahr Weihnachten feiern und nicht Ernst machen. Er hält sein Wort gewiß und er wird Weihnachten, wenn er in seiner Herrlichkeit und Macht in die Krippe eingeht, die Gewaltigen von ihrem Thron stoßen, wenn sie nicht endlich, endlich Umkehr halten. Es ist eine wichtige Sache für eine christliche Gemeinde, daß sie sich in diesem Punkt versteht und daß sie aus solcher Erkenntnis die Konsequenzen für ihr Zusammenleben zieht. Es ist hier auch Grund, in dieser Richtung in unserer Gemeinde manches zu bedenken" (13,343).

Bonhoeffer hat gemeint, man dürfe nicht, wie Bultmann, das „Wunder" aus den neutestamentlichen Jesus-Geschichten „entmythologisiert" und „existential" auf irgendein „Kerygma" reduzieren. Der von Bultmann problematisierte „Mythos" – in diesem Fall die angekündigte Geburt Jesu durch die Jungfrau Maria – sei vielmehr „die Sache selbst" (8,482).

Seine Adventspredigt von 1933 mag als ein Beispiel gelten, was und wie er das schon 1933 meinte. Es sind gerade die „mythologischen" Züge der Erzählung, durch die die „Sache" überhaupt zur Sprache kommt. Gott, der in seiner „Herrlichkeit" „in die Krippe eingeht", – ein ganz und gar mythologischer Satz, wie ihn auch Bultmann nicht eliminieren, sondern interpretieren wollte – ist ja gerade als dieser Gott „der arme Arbeitersohn im Eastend von London". Nur so, nämlich „mythologisch", ist die „Inkarnation" (Fleischwerdung) Gottes im Menschen Jesus überhaupt in Worten nachzusprechen.

Die Identifikation, die den Zuhörenden möglich ist als ihre eigene Interpretationsleistung, wird ja geradezu ermöglicht und erleichtert durch die Welt der großen Sprachbilder, die die Seele berühren, die das Nach- und Mit-Erleben in Gang setzen.

Die unerledigte Aufgabe

Wie aber wollte Bonhoeffer seine eigene Haltung, seine Begabung und theologisch informierte Lesekunst, sein Vertrauen darauf, dass in den Bibeltexten der lebendige Gott zu Wort kommen konnte, dass das Wesentliche, das „Neue" geschieht durch das Wagnis einer unbedingten und umfassenden „Beziehung" zu Gott und den Menschen, dem „religionslosen" bzw. „mündigen Menschen" vermitteln?

Wie sollte eine in diesem Sinn konsequent „weltliche" Bibelauslegung „ohne die Arbeitshypothese Gott" praktisch aussehen? Können

Menschen, die in Bonhoeffers Sinn ausdrücklich nicht „aus dem Transzendenten" leben (8,559) oder auch nur so zu leben meinen, die „biblischen Begriffe" überhaupt sinnvoll „interpretieren"?

Wenn das „Religiöse" nicht unbedingt an den Begriffen selbst klebte, wenn es bei dem „Religiösen" um einen aus Bonhoeffers Sicht unbiblischen Glauben ging, dann wären nicht die Worte selbst, die Vokabeln („Wunder", „Auferstehung", „Buße" usw.) das eigentliche Problem der Hermeneutik, sondern ihre Verwendung in Gesprächen, im Unterricht, in Predigten. Dasselbe Wort, derselbe Begriff könnte dann im Sinne von „Glauben" und im Sinne von „Religion" verwendet werden. Bonhoeffer hätte das mindestens beispielhaft erläutern müssen. Weiterhin wäre zu klären gewesen:

- Was muss jemand wissen, der oder die die Bibel liest? Reicht es lesen zu können?
- Muss ich etwas „glauben", wenn ich einen Bibeltext verstehen will? Reicht es, neugierig zu sein auf das, was da im Text steht?
- In welcher Beziehung stehen „Wissen" und „Glauben" bei einer „nicht-religiösen" bzw. „weltlichen" Interpretation der Bibel bzw. der biblischen bzw. christlichen Begriffe?
- Hat der Mensch Jesus und der am Kreuz aus der Welt herausgedrängte Gottessohn, hat der Auferstandene für das Verstehen der Bibel eine Bedeutung? Welche? Und ist diese Bedeutung mindestens theoretisch verständlich für Menschen, die nicht „glauben"?
- Muss ich nicht mindestens eine alttestamentliche Erzählung wie die von „Kain und Abel" (Gen 4) auch ganz „ohne" Jesus verstehen können?
- Was könnten persönliche Erfahrungen einer „wunderbaren Verwandlung" sein, „weltlich" interpretiert, ohne dass „Theologie", „Glaube" „Kirche" solche Erfahrung auf ihre Mühlen leiteten?
- Was bedeutet der Vorrang der persönlichen „Erfahrung" (Bonhoeffer: persönlicher Christusglaube, aber auch durchaus Gefühl, s. Maria-Predigt!) vor der Bindung an eine „Tradition" und vor einem Diktat dogmatischer Wahrheit für das gemeinsame christliche Bekenntnis?
- Wie kommen die verschieden „Glaubenden" in ein sinnvolles Gespräch – wenigstens im Rahmen einer „Gemeinde"?
- Ist christliche „Gemeinde" eine gottgegebene Tatsache (so der frühe Bonhoeffer) oder eine mehr oder weniger verbindliche Übereinkunft

mehr oder weniger interessierter Individuen (so nach Schleiermacher)?

- Soll die Bibel im Sinne seiner Frage danach, was „wir" „wirklich" glauben, konsequent das Buch der Gemeinde (eines „Wir" der Getauften etwa) sein?
- Wer ist „Gemeinde"? Auch die „Religionslosen"? Auch die interessierten Agnostiker und Atheisten? Alle, die sich so fühlen?
- Ist die Bibel – ohne die „Arbeitshypothese Gott" gedacht – nicht schlicht als eine Bibliothek antiker Schriften und damit kulturelles Menschheitsgut zu lesen?
- Was bedeuten die „Stufen der Erkenntnis und der Bedeutsamkeit", was bedeutet die „Arkandisziplin" für das Bibellesen in der Gemeinde und weiteren Öffentlichkeit?
- Welche Aufgabe hat in Zukunft die Fachtheologie?
- Wie ließe sich das „Gespräch" über als „heilig" geltende Texte interreligiös gestalten?
- Ist nicht das Gespräch Barth, Bultmann, Bonhoeffer selbst schon der Hinweis darauf gewesen, dass es „den" einen großen Wurf, die alles umfassende theologische Theorie gar nicht (mehr) geben konnte, vielleicht nie gegeben hat und in Zukunft auch weder geben wird noch geben muss?

„Im Gespräch kann immer etwas Neues geschehen" (8,507). Im Schweigen auch. Schweigen kann „die radikalste Kritik an den Gerechtigkeitsspielen der Menschen" (Hampe[89],382) sein. Die theologische Transformation beginnt mit dem Schweigen.

Was glaubte Bonhoeffer wirklich?

„Was glauben wir wirklich ...?" Bonhoeffer fragt sich selbst, was er „wirklich" glaube. Er war nicht mehr der Auffassung, dass die Theologie ihre Existenzberechtigung nur im Rahmen einer Kirche habe. Er meinte nicht, dass Bibellesende zunächst einmal begreifen müssten, was die christliche Trinitätslehre bedeutet, und dass, wer „glaubt", etwa das Dogma von der Geburt Jesu aus der Jungfrau Maria akzeptieren müsste.

Und „Gott in Menschengestalt!" (8,558)? Was Bonhoeffer über Jesus sagt, sagt er über das menschliche Leben, über die Transformation des menschlichen Lebens in der Nähe Jesu. Von der hohen Christologie im klassischen systematisch-theologischen Sinn ist nur noch am Rande die

Rede. „Inkarnation“, „Kreuz“, „Auferstehung“ wiederholt er als Stichworte und weiß, dass Bethge das dazu Nötige in den Ethik-Fragmenten finden wird. Bonhoeffer hofft außerdem, dass es ihm noch die Zeit bleibt, das Nötige noch einmal neu zu sagen.

Schon die Vorlesung über die Christologie 1933, vielleicht die einzige wirklich „akademisch“ zu nennende Arbeit Bonhoeffers zu Jesus Christus, ist mindestens auch eine Einführung in die Christus-Meditation. Dort hatte er deutlich gemacht, dass ihm die sogenannte Zwei-Naturen-Lehre des Konzils von Chalcedon 451 n. Chr. [Jesus Christus, ganzer Mensch und ganzer Gott, in allem uns gleich außer der Sünde[90]] nur als begriffliche Grenzmarkierung wichtig sei.

Zwischen den Begriffen „Mensch“ und „Gott“ spielt sich das „Unaussprechliche“ ab. So kommt Gott im Menschen Jesus als das „Geheimnis“ zu Wort. Darum ist „das Reden der Kirche im Schweigen“ „die rechte Verkündigung des Christus“ (12,280 und ff.). In der „Lehre“ von Jesus Christus kam es Bonhoeffer nie auf klare Definitionen an und immer auf das lebendige Geheimnis zwischen all den Worten, Sprachbildern, Erzählungen, dass Jesus Christus sich einem in unendlicher Liebe nähert und der Mensch weiß, dass das „Leben daran hängt“. Stärker als Trinität, Jungfrauengeburt, Sündlosigkeit Jesu interessieren ihn neben den geliebten Psalmen die alttestamentlichen Erzählungen.

Eine seiner Fragen, die die ständigen Verhöre im Gefängnis begleitet, lautet, was es heiße, die „Wahrheit“ zu sagen (16,619–629) bzw. andersherum, wie Christen wie er selbst (bei den Verhören) eigentlich ihre Lügen verstehen sollen. Auch um diese Frage zu klären, liest er mehrmals das Alte Testament durch.

Er unterscheidet „die Wahrheit sagen“ (16,619ff.) und „Wahrhaftigkeit“:

„‚Wahrhaftigkeit‘ heißt eben doch nicht, daß alles, was ist, aufgedeckt wird“ (8,228).

So erscheint König David als ein Mensch mit offensichtlich notwendigen Geheimnissen. David lügt notwendig, ebenso Abraham in Gen 13, anders auch Jakob, Rahel, wieder anders auch Josef, der sozusagen aus pädagogischen Gründen seine Brüder täuscht (vgl. ZN[91],143).

„Warum wird im Alten Testament kräftig und oft zur Ehre Gottes gelogen [...], totgeschlagen, betrogen, geraubt, die Ehe geschieden, sogar gehurt (vgl. den Stammbaum Jesu), gezweifelt und gelästert und geflucht, während es im Neuen Testament dies alles nicht gibt? Religiöse

‚Vorstufe'? Das ist eine sehr naive Auskunft; es ist ja ein und derselbe Gott." (2. Advent 1943; 8,227)

Bonhoeffer entdeckt: „Der Lügengeist d. Propheten von Gott!" und: „Es geht um das Verhältnis zum andern Menschen in best. Lage" (ZN,144). Die Kontextualität einer theologischen Aussage „in best[immter] Lage" ist ein wesentlicher Aspekt vom „Gott in Menschengestalt!" Von „Gott" lässt sich immer nur im gegebenen Moment reden, wenn sich denn überhaupt von Gott reden lässt.

Solcherart „glaubt" Bonhoeffer im August 1944 „wirklich". Dieser Glaube ist seinem derzeitigen Erleben und Leben entsprungen. Die biblischen Texte liest er anders als früher. Von einer Art Systemzwang, in jedem alttestamentlichen Text, ob Prophetentext, Psalm oder Erzählung aus den Büchern Mose, den Christus zu entdecken, kann keine Rede mehr sein. Das Alte Testament ist nun nicht mehr so ohne Weiteres und im strengen Sinn ein „Buch von Christus" (Kuske[92]). Anders herum: Auch das AT blieb ihm weiterhin ein Buch von Christus, wie es zugleich als ein Buch des Gottes Israels und ein Buch von Menschheitserzählungen gelesen werden kann und soll.

Abscheu gegen das „Pfäffische"

Nach 1945 wurde in der Religionspädagogik beider Konfessionen und in der evangelischen Theologie Paul Tillichs (1886–1965) „Methode der Korrelation" beliebt: Den in einer gegebenen „Situation" auffindbaren menschlichen Fragen entsprechen, in der Begrifflichkeit Tillichs: „korrelieren" Antworten, „die in der Botschaft enthalten sind".[93]

Selbstverständlich antwortete auch Bonhoeffer auf wirkliche Fragen der Menschen. Allerdings passen Bonhoeffers „Antworten" selten zu den ihm gestellten Fragen wie ein Deckel auf den Topf. Sie weisen vielmehr über den gegebenen Status hinaus in ein Weiter, ein Darüber-Hinaus, in die „Transzendenzerfahrung". Weil Bonhoeffer tatsächlich mit der Gegenwart Gottes in einem ernsthaften „Gespräch" rechnete, musste er immer wieder auf jedes vermeintliche Wissen vom Gesprächspartner oder dessen Fragen bewusst verzichten wie auf die Illusion, es gäbe zu einer einmal erkannten Frage eine „christliche" Antwort.[94]

Eine vielleicht sogar angeblich immer und überall passende „christliche", d. h. eigentlich „religiöse" Antwort auf eine ganz bestimmte menschliche Frage wäre ihm „pfäffisch" vorgekommen, d. h. billig, unkonkret und auch respektlos gegenüber dem Geheimnis, das der andere Mensch ist und das Gott mit gerade diesem Menschen teilt. Dazu kommt bei Bonhoeffer eine Scheu vor der Aufdeckung von menschlichen Schwächen. Schon von seiner Kindheit her hegte er eine tiefe Abneigung gegen die Investigation in das Private und Persönliche. In Tegel bekommt diese persönliche Abneigung theologische Bedeutung:

„Die Kammerdienergeheimnisse – um es grob zu sagen – d. h. also der Bereich des Intimen (vom Gebet bis zur Sexualität) – wurden das Jagdgebiet der modernen Seelsorger. Darin gleichen sie [...] den übelsten Asphaltjournalisten [...], die die Intimitäten prominenter Leute ans Licht zogen; hier, um die Menschen gesellschaftlich, finanziell, politisch zu erpressen, - dort, um sie religiös zu erpressen. [...] Es gibt auch eine Bindungslosigkeit unter den Geistlichen, die wir das ‚Pfäffische' nennen, jenes Hinter-den-Sünden-der-Menschen-Herschnüffeln, um sie einzufangen." (8,509f.)

Nicht „bindungslos", sondern gebunden zu sein an Jesus Christus, bedeutete für Bonhoeffer gerade die Voraussetzung dafür, mit der „Welt" und auch mit den Intimitäten der Menschen souverän, „aristokratisch", d. h. frei und respektvoll, umgehen zu können. Gebunden zu sein an Christus war für Bonhoeffer das Gegenteil vom „Pfäffischen". Als einen „Pfaffen" verachtete man bei den Bonhoeffers einen geschwätzigen Pastor, dem man seine Doppelmoral und seine religiöse Unaufrichtigkeit schon äußerlich ansehen konnte.

Der gekreuzigte Gott und der wirkliche Mensch

Die Skepsis gegenüber einer religiösen oder auch christlichen Programmatik und Methode und umgekehrt die Betonung der Freiheit Gottes gab es bei Bonhoeffer auch in seiner Katechetik, wie sie von seinen Kandidaten mitgeschrieben wurde (14,530–554). Hier haben seine Ausführungen auf dem Hintergrund der NS-Erziehung eine anti-pädagogische Spitze auch für den Bereich der „christlichen Erziehung":

„Christliche Erziehung kann niemals in derselben Weise programmatisch sein wie die idealistische Erziehung. Es handelt sich *nicht um Schaffung eines neuen Menschentyps*, des ‚christlichen Menschen', der sich jeweils mitsamt allen seinen Idealen, auch den christlichen, unter die Herrschaft Gottes beugt, von Gott her lebt. Es gibt keine christlichen Erziehungsideale, Erziehungsbilder, sondern nur den Ruf zur Nachfolge an einem bestimmten Punkt. Es wird Gott überlassen, den Menschen nach seinem Bild zu schaffen. Jede Festlegung des christlichen Unterrichts auf ein Ideal verkürzt seine Aufgabe. Es soll nur Gott die Freiheit gegeben werden, sein Bild im Menschen zu schaffen." (14,534)

Zur Freiheit Gottes gehörte für Bonhoeffer im Kern, dass Gott sich, bis zur Unkenntlichkeit, bis in das Inkognito hinein, verhüllt (12,345ff.), im Menschen Jesus gezeigt hatte und vom fragenden Menschen keineswegs zum auf genau diese Fragen antwortenden „Lückenbüßergott" umdefiniert werden dürfe (8,557, vgl. 454f.).

Bonhoeffers Rede von einem Gott, der nur „kraft seiner Schwachheit, seines Leidens" helfe (8,534), mag wie eine Preisgabe des Glaubens an einen allmächtigen Gott erscheinen. Sie ist aber ein Reflex des von ihm selbst erfahrenen und mit seinem Leben beglaubigten Weges in der Nachfolge dieses Jesus. Der Gott, der sich „aus der Welt herausdrängen lasse ans Kreuz" (8,534), um den Menschen in ihrer tiefsten Gottlosigkeit nahe bleiben zu können, ist der Gott, der sich an Ostern gegen alle Mächte von Sünde und Tod durchgesetzt hat und sich in Geschichte und Ewigkeit durchsetzen wird. Indem Gott beides zugleich ist – der aus der Welt heraus an das Kreuz gedrängte leidende Mensch Jesus und der auferstandene „Gott in Menschengestalt" – heißt diesem Jesus nachzufolgen und diesem Gott zu glauben eine immer neue Umkehrung des gewohnten Denkens, eine ständige Revolution des theologisch Fixierten, eine Infragestellung und Neu-Findung, weil Neu-gefunden-Werden durch Gott selbst.

Bonhoeffer war der Versuch, die menschlichen Fragen theologisch, d. h. faktisch doch meistens irgendwie „religiös" zu beantworten, die Menschen damit irgendwie auf Zeit zufrieden zu stellen, schlicht zu wenig und zu wenig biblisch. Das Denken führte bei ihm fast immer aus dem gelebten Leben heraus in dafür gefundene Worte und von dort in weiteres Leben, aus der Existenz also in die Existenz, aus dem Denken in die Tat, aus der Tat in das neue Denken. Ein Kreislauf des Geistes.

„Zuletzt kommt es doch auf den Menschen an" (8,557). Selbstverständlich ist das so, im Sinne Bonhoeffers; denn im Menschlichen und in der Beziehung von Menschen „ist" Gott. So steht es schon in seiner Habilitationsschrift „Akt und Sein": „Einen Gott, den ‚es gibt', gibt es nicht; Gott ‚ist' im Personbezug, und das Sein ist sein Personsein." (2,112)

Kirche und Archimedes

Von der evangelischen Kirche, für deren „Zukunft" Bonhoeffer mit seiner Schrift „einen Dienst" tun will (8,561) kann Bonhoeffer 1944 unter „Bestandsaufnahme" fast nur kritisch sprechen. Bedeutungsschwere Stichworte lösen einander ab, sind aber aufeinander inhaltlich bezogen wie die beiden ersten:

- „Pietismus als letzter Versuch, das evangelische Christentum als Religion zu erhalten" (ebd., 557)
- „die lutherische Orthodoxie, der Versuch, die Kirche als Heilsanstalt zu retten" (ebd.)

Die theologische Spitze gegen die evangelische Kirche seiner Zeit verbirgt sich aber in einem Satz, der auf den antiken Mathematiker und Philosophen Archimedes (285–212 v. Chr.) zurückgeführt wird: „BK.: Offenbarungstheologie; ein δος μοι που στω [dos moi pou sto] gegenüber der Welt" (8,557). Bonhoeffer zitierte diesen Satz oft in der unverkürzten (!) Form: „δός μοι ποῦ στῶ και κινήσω την γην" [... kai kineso ten gen] (8,368f.)[95] = „Gib mir einen Punkt, wo ich [sicher] stehen kann [ergänze: und den Hebel ansetzen könnte, B. V.]; und ich werde die Erde bewegen."

Den Zusammenhang dieser Langfassung finden wir in einer Betrachtung zu „Ostern" und „Auferstehung" am 27. März 1944: „[...] die Überwindung des Todes heißt Auferstehung. Nicht von der ars moriendi [der Kunst des Sterbens, B. V.], sondern von der Auferstehung Christi her kann ein neuer, reinigender Wind in die gegenwärtige Welt wehen. Hier ist die Antwort auf das: δός μοι ποῦ στῶ και κινήσω την γην. Wenn ein paar Menschen dies wirklich glauben und sich in ihrem irdischen Handeln davon bewegen ließen, würde vieles anders werden" (8,368f.).

Bonhoeffer dachte natürlich nicht an die Hebelgesetze des Archimedes, sondern meinte den entscheidenden ‚Punkt', von wo aus Gottes Handeln in der Weltgeschichte erkennbar wird, indem Menschen durch die Auferstehung Jesu Christi nicht eine Sterbenskunst (eine „ars moriendi"), sondern eine Lebenskunst erlernen, in deren Geist sie die Welt zum Besseren verändern (vgl. ebd.).

Mit seiner Zitation der Kurzversion „δός μοι ποῦ στῶ" (8,557) unterstellt er im „Entwurf" der „Offenbarungstheologie" eine Haltung, eine Position „gegenüber der Welt"(ebd.) im Eintreten für die „‚Sache' der Kirche". Frömmigkeit und Theologie werden damit „Privilegien" der kirchlich-religiös interessierten Leute (vgl. 8,434!).

Mit dem Archimedes-Satz zieht Bonhoeffer einen Strich unter die Kirchenkämpfe der Bekennenden Kirche (BK) in den Jahren nach 1933. Zunächst zielt seine Kritik auf die Art und Weise, wie in der Bekennenden Kirche („BK.") die „Offenbarungstheologie" Karl Barths faktisch zur Strategie der Selbstbehauptung verwendet wurde. Doch greift die Kritik auch ins Mark der Theologie selbst.

„Kirche in der Selbstverteidigung"

Die schon vom Studenten Bonhoeffer übernommene „Offenbarungstheologie" Barths, Gegenstand vor allem seiner Habilitation, war in den Anfangsjahren des Kirchenkampfs das Gerüst, an dem sich der geistige Widerstand der Kirche gegen den Nazismus in der Kirche überhaupt erst formen konnte. Ihren geschichtswirksamen Höhepunkt hatte sie bei den Bekenntnissynoden von Barmen und Dahlem 1934 mit der Barmer Theologischen Erklärung und der Deklaration des kirchlichen „Notrechts", faktisch der Gründung einer vom Staat unabhängigen Bekennenden Kirche.

Nun, im August 1944, skizziert Bonhoeffer im „Entwurf" eine ins Mark schneidende Analyse von BK, Kirchenkampf und Theologie, die eigentlich bis heute nicht ernstgenommen wurde. Wer aus den Reihen der Anhänger der konsequenten Trennung von (NS-)Staat und Kirche, wie sie auf der Bekenntnissynode von Dahlem im Herbst 1934 beschlossen wurde, den Krieg überhaupt überlebt hatte, fand sich unmittelbar nach Kriegsende 1945 in einer durch den Krieg dezimierten und seelisch-geistig weitgehend erschöpften Gruppe von Geistesgefährten wieder. Gegen den Einfluss der selbst ernannten „Kirchenführer", der Bischöfe Marahrens, Meiser und Wurm, war 1945 wenig auszurichten. Diese hatten erfolgreich für den Erhalt ihrer „intakt" gebliebenen Kirchen gekämpft, sich dafür mit Unterschieden gar nicht, kaum oder erst spät von Hitler und vom NS-Staat distanziert, sich nur sporadisch für die verfolgten Menschen eingesetzt, am ehesten noch für die Opfer der sogenannten Euthanasie-Programme.

Beim Studium der Dokumente rund um die Gründung der Evangelischen Kirche in Deutschland in und nach 1945 kann man den Eindruck gewinnen, es sei mit dem Ende des NS-Staates nicht nur Bonhoeffers Manifest, sondern der ganze von der „Offenbarungstheologie" inspirierte geistige Aufbruch in der Evangelischen Kirche in einen Dornröschenschlaf versunken. Eine große Mehrheit der maßgeblichen Theologen,

Pastoren, Kirchenführer sehnte sich nach stabilen Verhältnissen, danach, endlich wieder und vom Staat unbehelligt „Kirche" sein zu dürfen. So geschah es im Westen. Anders sah es faktisch im Bereich der Evangelischen Kirchen in der DDR aus.

Es muss aber heute auch in Bezug auf die Kirche in der DDR gefragt werden, in wieweit „Kirche für andere" und „Kirche im Sozialismus" tatsächlich von Herzen her gewollte Konzepte aus Glauben waren oder nur aus der staatlich erzwungenen Not. Wahrscheinlich beides und beides von Gemeinde zu Gemeinde, Mitarbeiterin zu Mitarbeiterin und Pastor zu Pastor unterschiedlich. Der innerkirchliche Dialog, der mit der Wende 1989 vielerorts unvermittelt abbrach, muss dringend neu beginnen im Gespräch über die unterschiedlichen Erfahrungen in West und Ost.

Aus historischer Sicht muss fraglich bleiben, ob sich Dietrich Bonhoeffer in der kirchenpolitischen Gemengelage von 1945, vielleicht im Tandem mit Martin Niemöller und trotz seiner theologischen Kritik auch mit Beratung und Beistand durch Karl Barth, mit einer echten kirchenstrukturellen Alternative, sprich: der Gründung einer evangelischen Freikirche, hätte durchsetzen können. Seine fundamentale theologische Kritik hat der Nachkriegskirche jedenfalls gefehlt.

Karl Barth resümierte 1948 die kirchliche Situation 1945: „Ich fand diese Kirche – abgesehen davon, dass die ‚Deutschen Christen' von 1933 nun natürlich verschwunden oder untergetaucht oder (einige wenige) auch ehrlich bekehrt waren – zu meinem Erstaunen ungefähr in derselben Struktur, Gruppierung und herrschenden Tendenz wieder, in der ich sie 1933 in ihr Verderben hatte eilen sehen. Noch waren die nach vorwärts Drängenden, die zwischen 1933 und 1945 wirklich widerstanden hatten, die die Lehren dieser Zeit nun aber auch verwirklichen wollten (Niemöller einer der Besten unter ihnen!), vorhanden und am Werk, aber auch noch in derselben Minderheit abseits von den eigentlich herrschenden und entscheidenden Kreisen und Instanzen. Noch stieß ich auf das alte Interesse an dem formalen, ordnungsgemäßen Bestand der ‚Landeskirchen': eben nicht verbessert durch das Interesse an allerlei neuen Wunderlichkeiten, an einem verstärkten Konfessionalismus und Klerikalismus vor allem, und daneben an einem in allen Spielarten florierenden Liturgismus.[96] Noch fand ich das alles viel stärker als etwa die Frage nach der Erneuerung der christlichen Botschaft aus ihren Quellen und ihrer Anwendung auf die nun entstandene neue Lage. Noch schien die Sache der Kirche immer wieder die Sache irgendwelcher führenden Personen und Personenkreise und durchaus nicht die der Gemeinden zu sein." (How my mind[97], 30f.)

Bonhoeffer meinte 1944 entsprechend, der Satz des Archimedes habe für die Bekennende Kirche verkürzt gegolten im Sinne eines: „Gib uns, Gott, einen – gesellschaftlich – sicheren Standort, auf dem wir, die Kirche, uns gegenüber der Welt behaupten können!

Dienstleisterin für religiöse Events?

„Kirche für andere" ist im Kontext unserer westlichen Kultur und Konsumgesellschaft missverständlich. Ist sie eine Kirche zur Befriedigung aller – vielleicht „religiösen" – Bedürfnisse? Bonhoeffer dachte natürlich nicht an eine optimierte Service-Kirche, wie sie manche heute wünschen, an eine religiöse Dienstleisterin, die im Kontakt mit den „Kunden" und Kundinnen religiöse ‚Events" „professionell" „designed" und „gestaltet" („performed").

Ihm schwebte eine vom Kern des Glaubens her lebendige Gemeindekirche vor, in der sich die Menschen aktiv beteiligen. „Für andere" kann diese Kirche nur wirksam sein, wenn in ihr gebetet und Gottes Gegenwart gefeiert wird und Menschen sich dabei in einer „nicht-religiösen" Haltung am Menschen Jesus orientieren. Diese Kirche wäre organisationssoziologisch gesehen schwach. Bonhoeffer hielt sie aber nicht nur für glaubwürdiger, sondern auch für wirkungsvoller, eine veritable Freikirche, wie sie Bonhoeffer in den USA kennengelernt hatte.

Sie hat auf „alles Eigentum" verzichtet und es „den Notleidenden" geschenkt. Ihre „Pfarrer" (die ordinierten Frauen hatte Bonhoeffer noch nicht im Blick) leben „ausschließlich von den freiwilligen Gaben der Gemeinden". Diese Kirche nimmt an den „weltlichen Aufgaben des menschlichen Gemeinschaftslebens" aktiv teil und „muß den Menschen aller Berufe sagen, was ein Leben mit Christus ist, was es heißt, ‚für andere dazusein'" (8,560).

Selbstverständlich wird in den Gottesdiensten dieser Kirche gebetet und gesungen und findet „das Kultische" (Abendmahl, Taufe) statt. Was sollte sonst eine „Kirche" in der Tradition Martin Luthers sein, wenn sich ihre Mitglieder nicht in Gottesdiensten rund um Predigt und Sakramente je neu träfen, einander stärkten, für einander und dann gemeinsam und jeder für sich „für andere" da wären. Daran hat auch der „religionslose" bzw. „nicht-religiös" interpretierende Bonhoeffer nicht gerüttelt.

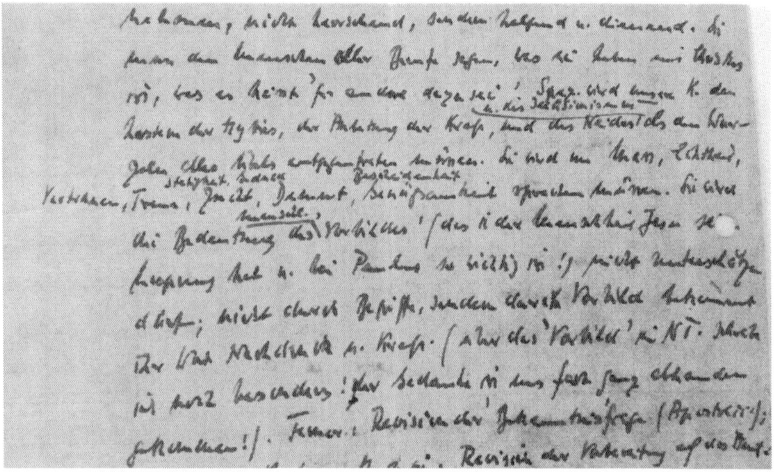

„Sie [die Kirche] muss den Menschen aller Berufe sagen, was ein Leben mit Christus ist […] nicht durch Begriffe, sondern durch Vorbild bekommt ihr Wort Nachdruck und Kraft […].“
Foto: B. V.

In der Mitte seiner ekklesiologischen Überlegungen steht das „menschliche Vorbild“, „das in der Menschheit Jesu seinen Ursprung hat“ (8,560) und das Bonhoeffer mit Tugenden näher beschreibt, wie er sie von Kindheit an kennt: „Maß, Echtheit, Vertrauen, Treue, Stetigkeit, Geduld, Zucht, Demut, Bescheidenheit, Genügsamkeit“ im Gegensatz zu den Lastern der „Hybris, der Anbetung der Kraft und des Neides und des Illusionismus als den Wurzeln allen Übels“ (ebd.).

Das Echte, das Redliche, das Maß, der Sinn für die Kraft Gottes in der Schwäche (statt der „Anbetung der Kraft“, wie sie der NS betrieb und wie die Kirche sie ebenfalls anstrebte) … Bonhoeffer sah das im Menschen Jesus und bei Paulus vorbildlich gegeben. In diesem Sinn ging es ihm um eine ganz und gar menschliche Kirche, gerade weil diese Kirche dem Menschen-für-andere Jesus Christus vertraut.

„Offenbarungspositivismus“?

Den eigenen, wirklichen, „persönliche(n) Christusglaube(n)“ vermisste Bonhoeffer in der Bekennenden Kirche (BK.). Hatte nicht aber Karl Barth mit seiner christologischen Konzentration der christlichen Lehre dazu Wichtiges formuliert?

Aufgrund seiner eigenen nahen Beziehung zur Person und Theologie Barths ist Bonhoeffers Abgrenzung überraschend deutlich. Er meint, Barths Theologie laufe auf einen „Offenbarungspositivismus" hinaus, d. h. pointiert gesagt, darauf, dass alles, was in Bezug auf „Gott" und „Mensch" sinnvoll gedacht werden kann, sich vor der „Offenbarung" rechtfertigen müsse, wie Barth sie systematisch und immer voluminöser in seiner „Kirchlichen Dogmatik" darlegte. Wo blieb da die Möglichkeit eines echten „Gespräches" mit Menschen, die – aus welchen Gründen auch immer – nicht bereit waren, Barths Grundannahmen zu teilen?

„Barth hat als erster Theologe – und das bleibt sein ganz großes Verdienst – die Kritik der Religion begonnen, aber er hat dann an ihre Stelle eine positivistische Offenbarungslehre gesetzt, wo es dann heißt: ‚friß, Vogel, oder stirb'; ob es nun Jungfrauengeburt, Trinität oder was immer ist, jedes ist ein gleichbedeutsames und -notwendiges Stück des Ganzen, das eben als Ganzes geschluckt werden muß oder garnicht. Das ist nicht biblisch. Es gibt Stufen der Erkenntnis und Stufen der Bedeutsamkeit; d. h. es muß eine Arkandisziplin wiederhergestellt werden, durch die die Geheimnisse des Glaubens vor Profanierung behütet werden. Der Offenbarungspositivismus macht es sich zu leicht, indem er letztlich ein Gesetz des Glaubens aufrichtet und indem er das, was eine Gabe für uns ist – durch die Fleischwerdung Christi! – zerreißt. An der Stelle der Religion steht nun die Kirche – das ist an sich biblisch –, aber die Welt ist gewissermaßen auf sich selbst gestellt und sich selbst überlassen, das ist der Fehler. Ich denke augenblicklich darüber nach, wie die Begriffe Buße, Glaube, Rechtfertigung, Wiedergeburt, Heiligung ‚weltlich' – im alttestamentlichen Sinne und im Sinne von Joh 1,14 – umzuinterpretieren sind. Ich werde dir darüber schreiben!" (8,415f.)

Nach der Veröffentlichung von „Widerstand und Ergebung" reagierte Karl Barth ärgerlich:

„Nun hat er uns mit den änigmatischen Äußerungen seiner Briefe allein gelassen – nach mehr als einer Stelle eigentlich deutlich verratend, daß er zwar ahnte, aber noch keineswegs wußte, wie die story nun eigentlich weitergehen solle: z. B. was er mit dem bei mir wahrgenommenen ‚Offenbarungspositivismus' ganz genau meinte und erst recht: wie das Programm eines unreligiösen Redens zur Durchführung kommen sollte. Was das Erstere betrifft, so habe ich mich weder bei der Frage beruhigt, wann und wo ich wohl einem Vogel geboten haben sollte, die Jungfrauengeburt zu ‚fressen' oder zu ‚sterben' noch auch bei der Frage, was wohl meine neocalvinistischen Gönner in Holland davon denken möchten, mich auf einmal als ‚Offenbarungspositivisten' vorgestellt zu bekommen, sondern ich bin ein bißchen errötet bei der Vorstellung, daß es immerhin möglich war, daß sich das Erinnerungsbild an meine Bücher (die er ja so in seiner Gefängniszelle sicher nicht zur Hand gehabt hat) bei einem so gescheiten und wohlmeinenden Mann wie Bonhoeffer so gestalten konnte, wie es in jenem änigmatischen Ausdruck zum Vorschein kommt [...] Aber vielleicht habe ich mich tatsächlich gelegentlich ‚offenbarungspositivistisch' benommen und geäußert, und wenn dem so war, dann hat es die Sonne von Bonhoeffers Erinnerungsbild an den Tag gebracht. Ohne ihn selbst fragen zu können, werden wir uns damit abfinden müssen, etwas verwirrt zurückzubleiben. Ähnlich könnte es sich mit dem Postulat des unreligiösen Redens verhalten [...] Kann er eigentlich etwas anderes gemeint haben als eine Warnung vor allem christlichen Papperlapapp, vor allem unmeditierten Rezitieren biblischer und traditioneller Bilder, Redensarten, Begriffskombinationen, bei denen die ‚Welt' sich entscheidend darum nichts denken kann, weil der ‚religiöse' Redner oder Schreiber im Grunde selbst nichts oder doch nichts Ordentliches dabei denkt, sondern in der Meinung, das Zeug werde ja schon Gottes Wort sein, loslegt, wie es gerade jetzt wieder – ach, es ist nicht bös gemeint und wie viele haben denn schon die Zeit und auch die Fähigkeit zu ordentlichem Meditieren? – unter Tausenden von Weihnachtsbäumen geschehen mag. Sicher hat uns Bonhoeffer auch in dieser Hinsicht nichts Greifbares hinterlassen, und ich möchte fast meinen, daß es ihm selbst nicht greifbar vor Augen stand." (Karl Barth, 21.12.1952)[98]

Während der Theologieprofessor am Schreibtisch in Basel sein Lebenswerk schrieb und an der Systematik eines Theologiegebäudes bastelte, in dem Stein zu Stein passen musste, mit der einem solchen Gebäude möglichen Vollständigkeit, Klarheit und Schönheit, wollte Bonhoeffer den entscheidenden kritischen Punkt herausdestillieren, um den es in der geistigen Auseinandersetzung mit der Welt ging. Sein Manifest wäre zunächst eine Analyse des Scheiterns der theologischen „Sache" geworden. Erst im Bewusstsein und in der Erkenntnis dieses Scheiterns und seiner Gründe hätte Bonhoeffer über einzelne Lehrgegenstände des christlichen Glaubens neu sprechen wollen (vgl. 8,55). Die „Jungfrauengeburt" wäre allerdings bei einer positiven dogmatischen Darstellung nicht sein Thema gewesen. Sie wurde für Bonhoeffer geradezu zum Symbol einer verkehrten theologischen Konzentration. U. a. mit dieser Lehre wurde das Ganze eines Theologiegebäudes konstruiert und gesichert. Genau diese Absicherung sollten Kirche und Theologie aber jetzt nicht mehr betreiben.

Theologie im Dienst des „wirklichen" Glaubens wäre ein offenes, kommunikatives, jederzeit fragmentarisch bleibendes, weil neu anfangendes Unternehmen, ein ständiger Diskurs der Vernünftigen unter den Christusleuten, den Jesusfreunden und Jesusfreundinnen, ob sie sich „kirchlich" verstehen oder nicht.

In Barths „Kirchlicher Dogmatik" I/2, die Bonhoeffer intensiv gelesen hatte, spielte dagegen die „Jungfrauengeburt" tatsächlich eine durchaus wichtige Rolle und war sie Teil eines Ganzen, das vielleicht nicht „geschluckt" werden musste (Barths kritische Rückfrage an Bonhoeffer), das aber doch den Eindruck erwecken konnte, es gäbe eine Art kirchlich-religiöses Glaubensgesetz, dem die zu folgen hätten, die dem Jesus nachfolgen wollten:[99]

„Im Dogma als solchem hören wir ja nur die Stimme der Kirche, nicht die Offenbarung selbst. Machen wir es uns zu eigen, bejahen wir es als rechte kirchliche Interpretation der Offenbarung, so kann das nur geschehen auf Grund der Erkenntnis seiner N o t w e n d i g k e i t , und diese Erkenntnis wird sich in einem Versuch zu seinem V e r s t ä n d n i s zu bewähren haben." (KD I/2,190)

Im Rahmen des – man muss es so klar sagen – Systems seiner Kirchlichen Dogmatik kommt dem Dogma von der Jungfrauengeburt eine zentrale Stellung zu; denn an dieser Verbindungsstelle von Ewigkeit und Zeit, Himmel und Erde , eben: im „notwendigen" Dogma von der „Jungfrau" Maria und der jungfräulichen Geburt Jesu, lässt sich die Inkarnation [Fleischwerdung] des ewigen Sohnes Jesus Christus, lässt sich das, was Barth die „Offenbarung" nannte, begrifflich „verständlich" machen. Barth gibt an gleicher Stelle zu, dass die biblische Basis für diese theologische Gedankenreihung „nicht so stark und nicht so klar ist, wie man es für ein im strengen Sinn so zu nennendes Dogma wohl wünschen möchte" (ebd.). Das aber hindert ihn nicht an der Auslegung der biblischen Erzählungen bei Matthäus und Lukas.

Bonhoeffer suchte eine Theologie, die die restaurative Tendenz überwindet, mit der in seiner Kirche damals Theologie verbunden war. Die Theologie, die Bonhoeffer vorschwebte, war vorwärtsweisend. Sie reizte zum Gespräch. Sie deckte Unredlichkeit und Verlogenheiten auf und ermutigte dabei gerade so zu einem vollen Leben hier auf der Erde. Seine

Theologie sollte konsequente Kritik der Religion sein und dabei die „Stufen der Erkenntnis und Stufen der Bedeutsamkeit" respektieren, im Umgang mit den Menschen „überhaupt", aber auch innerhalb der Theologie selbst. Nicht alles, was theologisch zu sagen wäre, sei gleich „bedeutsam", meinte Bonhoeffer; und auf dem Weg der „Erkenntnis" gäbe es „Stufen" einzuhalten.

Bonhoeffers Theologie blieb eine Singularität. Mit ihm ließ und lässt sich keine theologische Schule machen.

Jesus im Blick

„Allgemein in der BK.: Eintreten für die ‚Sache' der Kirche etc., aber wenig persönlicher Christusglaube. ‚Jesus' entschwindet dem Blick" (8,557f.). Dietrich Bonhoeffer war ein Freund des Jesus Christus und des Jesus von Nazareth. Wie das eine mit dem anderen präzise zusammenhing, hat er begrifflich nie eindeutig und abschließend geklärt. Er lebte dafür in einer fast ständigen inneren Verbundenheit. Die zentrale Szene, in der Jesus dem Dietrich Bonhoeffer vor die inneren Augen trat, spielte sich im Garten Gethsemane ab. Wir können Bonhoeffer nicht verstehen ohne diese tiefe emotional gegründete Verbundenheit, die er mit dem „aus dem Transzendenten lebenden" Mensch Jesus hatte, als dieser sich nicht zur Flucht entschied, zur Sicherung seines Lebens, sondern im Wachen und Beten für das Wagnis und den Einsatz seines Lebens „für andere".

Bonhoeffer hat sich in der „Nachfolge" dieses Jesus zeitweilig hinter ihm herlaufen gesehen (so in dem Buch „Nachfolge") und zeitweilig auch (fast) freundschaftlich. Diese persönliche Dimension spüren Leser und Leserinnen noch heute einem Text ab, der dogmatisch seine Schwächen haben mag, aber gefühlsmäßig unmittelbar berührt. Wohl Ende Juli, ein paar Tage vor dem „Entwurf", schreibt er an Eberhard Bethge:

„[...] Immer wieder in dieser turbulenten Zeit verlieren wir aus dem Auge, warum es sich eigentlich zu leben lohnt. Wir meinen, weil dieser oder jener Mensch lebe, habe es auch für uns Sinn zu leben. In Wahrheit aber ist es doch so: Wenn die Erde gewürdigt wurde, den Menschen Jesus Christus zu tragen, wenn ein Mensch wie Jesus gelebt hat, dann und nur dann hat es für uns Menschen einen Sinn zu leben. Hätte Jesus nicht gelebt, dann wäre unser Leben trotz aller anderen Menschen, die wir kennen, verehren und lieben, sinnlos. [...] Der unbiblische Begriff des ‚Sinnes' ist ja nur eine Übersetzung dessen, was die Bibel ‚Verheißung' nennt" (8,573).

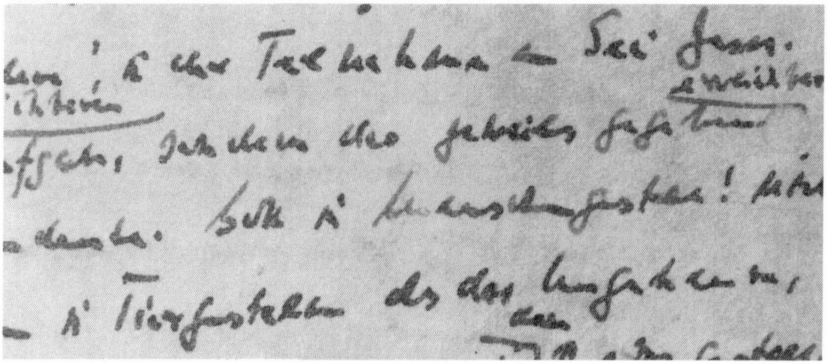

In der „Teilnahme am Sein Jesu" zeigt sich „Gott in Menschengestalt". So elementar, so folgenreich für Glaube, Theologie und Kirche. Foto (Ausschnitt): B. V.

An Jesus hängt wirklich alles Wesentliche, was Bonhoeffer je glaubte und theologisch dachte. Jesus, seine grundlegende und zentrale Wichtigkeit, die Bedeutung seines „Vorbildes" (!)[100] für die Menschheit und das Menschliche überhaupt, standen für Bonhoeffer nicht zur Disposition. Alles andere war disponibel, diskutabel: Jungfrauengeburt und aus seiner Sicht überholte theologische Kontroversfragen etwa zur Präsenz Christi in den Elementen des Abendmahls (Luther versus Zwingli) sowieso, aber auch die Stellung und Bedeutung der Kirche in der mündigen und religionslosen Welt[101], ihr „Kultus", ihre Liturgie im Unterschied zu „Religion", die Bibelhermeneutik, auch Gottes Eigenschaften („Allmacht" usw.), auch die Lehre von den göttlichen „Mandaten", wie er sie in der „Ethik" skizzierte (Thema: Kirche und Welt; das politische Mandat der Kirche), die Ethik insgesamt, sogar Aspekte der Rechtfertigungslehre[102], der Sündenbegriff, die Anthropologie im Zusammenhang der Christologie:

„[...] und so wird man ein Mensch, ein Christ" (21.7.1944, 8,542). Die Menschwerdung ist das Entscheidende. Der Christ, die Christin sind nicht per se die Steigerung des Menschlichen, sondern Zeuge und Zeugin Jesu, des Menschen schlechthin.

Es war alles im Fluss. Nur Jesus nicht. Bonhoeffer war tief davon überzeugt, dass mit der Menschwerdung Gottes im Menschen Jesus praktisch alle „vorletzten" Lebensmaximen und Werte, wie er sie in seiner Kindheit im Elternhaus kennengelernt hatte, ihre „letzte“ Begründung erfuhren. Darum redet er im „Entwurf“ in Bezug auf die zukünftige Kirche, wie er sie sich vorstellt, von „Maß, Echtheit, Vertrauen, Treue, Stetigkeit, Geduld, Zucht, Demut, Bescheidenheit, Genügsamkeit“ – allesamt Tugenden, wie sie in seiner Familie für alle galten, ob Christen, ob nicht.

Der Mensch Jesus war ihm mitsamt seinem Verweis auf den Sprachgebrauch bei Paulus (8,560f.; vgl. 419) ein anschauliches „Vorbild“ für Menschlichkeit überhaupt, eben im Sinne des genannten Tugendkatalogs, nicht etwa bloß im Sinne von „Gott in Menschengestalt!“ Solus Christus.

Bonhoeffer, der letzte Reformator?

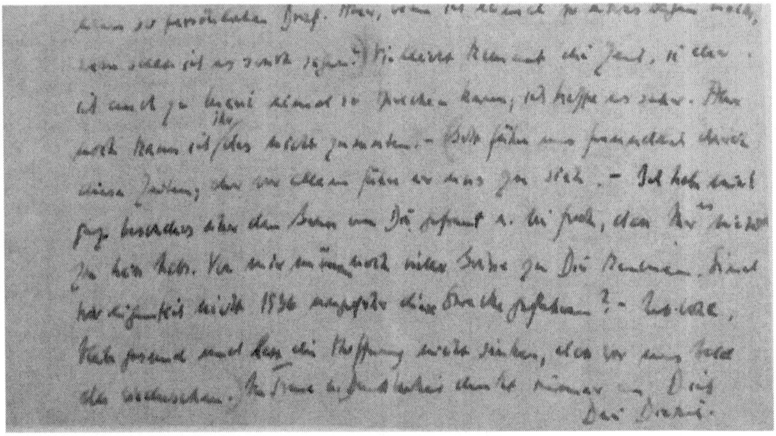

„Gott führe uns freundlich durch diese Zeiten; aber vor allem führe er uns zu sich ...“ Schluss des Briefes vom 21.Juli 1944 an Eberhard Bethge, vgl. 8,543, Foto: B. V.

Endnoten

1 Dietrich Bonhoeffer: Widerstand und Ergebung. Briefe und Aufzeichnungen aus der Haft. Hgg. von Christian Gremmels, Eberhard Bethge und Renate Bethge in Zusammenarbeit mit Ilse Tödt, München 1998 (Dietrich Bonhoeffer Werke 8 = 8),507. Zitate aus der Dietrich Bonhoeffer Werkausgabe werden im Haupttext nur mit Bandnr. und Seitenzahl belegt; die jeweiligen Titel sind dem Literaturverzeichnis zu entnehmen.
Die Notiz steht als siebte von insgesamt acht durchnummerierten Notizen, deren gedanklicher Zusammenhang u. a. verknüpft ist mit Bonhoeffers zeitgleicher Lektüre von Wilhelm Dilthey: Weltanschauung und Analyse des Menschen seit Renaissance und Reformation, Gesammelte Schriften II. Band, 8., unveränderte Aufl. Stuttgart / Göttingen 1969 (Dilthey, s. Anmerkungen 8–10 in 8,507). Die Notizen sind nicht eindeutig zu interpretieren. Ihr Hintergrund und ihr Kontext im Rahmen von Bonhoeffers neuem theologischen Ansatz legt aber nahe, dass es ihm hier um eine Neuinterpretation der theologischen Hermeneutik, insbesondere in Bezug auf das Bibel-Verstehen ging (s. Notiz 1, ebd., 506). Bonhoeffer lässt sich vom Philosophen Dilthey und wohl auch von den Dichtern (s. die kaum eindeutige Notiz 8, ebd., 507) anregen, grundlegende Fragen der Hermeneutik und der Christologie (s. Notiz 3, ebd., 507) neu zu stellen: „Inwiefern kann Christus die Entscheidung der Menschen beanspruchen?“ Speziell diese Frage hatte er eigentlich sowohl in der „Nachfolge“, wie auch in den bisher schon geschriebenen Ethik-Fragmenten intensiv bearbeitet; aber die Situation im Gefängnis, die Lektüre u. a. Wilhelm Diltheys, der ganze Versuch, die Theologie noch einmal neu zu anzufangen, führt Bonhoeffer neu in die Fragen – und ins „Gespräch“.

2 Die Bibel oder die ganze Heilige Schrift des Alten und Neuen Testaments nach der deutschen Bearbeitung D. Martin Luthers, Berlin / Stuttgart 1911. Bonhoeffers Bibel befindet sich im Bonhoeffer-Nachlass in der Staatsbibliothek Berlin. Ausgabe Stuttgart 1911 (NL-Bibl. 1 A 6). (Luther 1911).

3 Bonhoeffer-Nachlass A 86,17. Die fotografierten (B. V.) Bonhoeffer-Autographe stammen aus dem Bonhoeffer-Nachlass in der Staatsbibliothek Berlin. Abdruck mit freundlicher Genehmigung.

4 Zitate, die nur mit Bandnr. und Seitenzahl belegt sind, stammen aus der Dietrich Bonhoeffer Werkausgabe; die jeweiligen Titel sind dem Literaturverzeichnis zu entnehmen.

5 Ich verwende hier bei einem Fachbegriff einmal einfache (sonst: doppelte) Anführungszeichen, um damit auf die Bedeutung des ‚Verstehens‘ und auf die Frage der Methodik des Vorgangs von Verstehen hinzuweisen. Bonhoeffer liebte derartige einfache Anführungszeichen, um auf die Bedeutung oder auch die Fraglichkeit von ‚Begriffen‘ hinzuweisen. Er war in diesem Sinn ein Wort-Künstler, einer, der es mit dem Wort genau nahm, präzise: mit dem Wort, wie es in einem ‚Gespräch‘ fallen kann und ‚Neues‘ geschehen lässt.

6 Schwer lesbar. „Pp?"? „Ph?"? Ich finde den Vorschlag der Herausgebenden DBW 8, hier „P[rinzip]?" lesen zu wollen, nicht überzeugend. „Ph?" könnte alternativ für „Philologie" stehen. Bonhoeffer rührt hier an das unerledigte Vorhaben, eine Hermeneutik schreiben zu wollen, eine Lehre vom Bibellesen. In Finkenwalde konnte „Philologie" fast ein Synonym für die historisch-kritische Methode der Bibelerforschung sein. Jedenfalls meinte Bonhoeffer damit die Methode der wissenschaftlichen Textkritik. Er riet seinen Seminaristen damals dazu, bei der morgendlichen Andacht unverständliche Bibelstellen nicht zu meditieren und nicht darüber „in die Philologie" zu „fliehen". Nicht das „griechische Neue Testament", sondern der „vertraute Luthertext" sei hier am Platz. Vgl. Dietrich Bonhoeffer: Illegale Theologenausbildung: Finkenwalde 1935–1937, hgg. von Otto Dudzus und Jürgen Henkys in Zusammenarbeit mit Sabine Bobert-Stützel, Dirk Schulz und Ilse Tödt, München 1996 (DBW 14 = 14),948. Im Juli 1944 sind die hermeneutischen Fragen wieder offen, auch die Frage der Bedeutung der „Philologie".

7 Bonhoeffers Handschrift ist in manchen Texten schwer zu entschlüsseln. An der bezeichneten Stelle lesen die Herausgebenden DBW 8 „Instanz ausserhalb?" Das Schriftbild gibt mit Blick auf Bonhoeffers handschriftliche Zeugnisse auch andernorts ebenfalls her: „Instanz ausser Gott?" Vom Sinn her ist beides möglich. Mit der fraglichen „Instanz" meint Bonhoeffer das Kriterium für eine wahrheitsgemäße Auslegung der Bibel, letztlich die maßgebliche Richtschnur für das, was Bonhoeffer woanders die „Wahrheit" der Bibel nannte in Bezug auf die Wirklichkeit des Menschen. Eine Instanz „ausserhalb" könnte sich auf das Zeugnis des Heiligen Geistes beziehen. Die Theologie Calvins sowie anders der lutherischen Orthodoxie unterschied das „testimonium" (= Kennzeichen, gemeint hier aber: das Gewissheit gebende Zeugnis von der Wahrheit des Bezeugten) seitens des „spiritus sanctus" (des Heiligen Geistes) im Inneren des Menschen (= „internum") von äußeren Testimonia, d. h. praktisch von der Lehrautorität der Kirche. Der Heilige Geist erweist demnach im Innern des Menschen die Bedeutsamkeit und Wahrheit der Heiligen Schrift. Bonhoeffer fragt also nach dieser Lesart neu nach Kriterien biblischer Wahrheit „ausserhalb" des menschlichen Innenlebens, der menschlichen Seele, gar des religiösen Gefühls. Soll noch gelten, wie Bonhoeffer früher selbst gesagt hatte, dass die Kirche bzw. die Theologie der Kirche über Bedeutung und Wahrheit der Bibel (zumindest mit-) entscheidet? Das „?" würde wohl bedeuten, dass dies Bonhoeffer nun infrage stellt. Mit Blick auf die gesamte Tegeler Theologie ab 30. April 1944 wäre darum auch plausibel, wenn Bonhoeffer fragte, ob es eine „Instanz" für das Zeugnis von der Wahrheit der Bibel gibt, die wir uns präzise „ausserhalb" des hermeneutischen Zirkels denken müssten als eines auf sich selbst verweisenden Zusammenhangs nach dem Motto „(Allein) Gott denkt im Menschen Gott". Dann wäre die Lesart „ausser Gott" so riskant wie provokativ, d. h. ganz im Sinne von Bonhoeffers theologischen Experimenten 1944. Hatte der junge Bonhoeffer tatsächlich eine „pneumatische Exegese" (eine Bibelauslegung angeblich nach dem Heiligen Geist) gegen die historisch-kritische Erforschung der Bibel als einem antiken Text ins Feld geführt, um im Sinne der dialektischen Offenbarungstheologie Karl Barths eine fundamentale Kritik am Denken des

sogenannten modernen Menschen anbringen zu können, hat sich Dietrich Bonhoeffer im Tegeler Gefängnis bewusst auf den geistigen Abenteuerweg begeben, solche fraglos in sich ruhende theologische Selbstgewissheit und Selbstgenügsamkeit radikal infrage zu stellen! Im Namen der mündigen Welt und eines religionslosen Christentums ohne Privilegien in Bezug auf das „Heil" (gar das „Seelenheil") ist er bereit, über „Wahrheit" im theologischen und philosophischen Sinn des Wortes neu nachzudenken und ein „ausser Gott" dabei in Erwägung zu ziehen. Für Bonhoeffer bedeutete ein „ausser Gott" ja gerade keine teuflische Gegenmacht, kein Auseinanderfallen der einen Wirklichkeit, sondern die Anerkenntnis, dass wir in der Welt leben müssen, als ob es Gott nicht gäbe. Selbstverständlich aber „gibt es" Gott für Bonhoeffer, aber eben im „Personbezug" (1928/31), was in Tegel 1944 zugespitzt heißt: in der Beziehung zum Mitmenschen, im Für-andere-Dasein. S. dazu im Folgenden.

8 Vgl. dazu Roland Barthes: Der Tod des Autors, in: Fotis Jannidis/ Gerhard Lauer/ Matias Matinez/ Simone Winko (Hgg.), Texte zur Theorie der Autorschaft, Stuttgart 2000, 185–193.

9 Rudolf Bultmann: Neues Testament und Mythologie. Das Problem der Entmythologisierung der neutestamentlichen Verkündigung, Nachdruck der 1941 erschienen Fassung, hg. von Eberhard Jüngel, München 1988 (Bultmann).

10 Max Horkheimer und Theodor W. Adorno erarbeiteten 1944 „Dialektik der Aufklärung", angesichts des Faschismus eine philosophische Abrechnung mit Glanz und Elend der Moderne und der sich in ihr manifestierenden europäischen Aufklärung. Später stieß der jüngere Jürgen Habermas zur „Frankfurter Schule" hinzu. Sie erlangte ihre größte Wirkung zur Zeit der Studenten-Revolution 1968. Durch das Wiedererstarken der „Rechten" sind heute insbesondere die Werke Adornos und von Habermas' wieder im Gespräch.

11 Jürgen Habermas: Auch eine Geschichte der Philosophie, Band 1: Die okzidentale Konstellation von Glauben und Wissen, Band 2: Vernünftige Freiheit. Spuren des Diskurses über Glauben und Wissen, Berlin 2019.

12 Dietrich Bonhoeffer: Gemeinsames Leben / Das Gebetbuch der Bibel, hgg. von Gerhard Ludwig Müller und Albrecht Schönherr, München 1987 (5).

13 Michael Klessmann: Ambivalenz und Glaube, Stuttgart 2018 (Klessmann): „*Ambiguität* bezeichnet die ‚real erfahrene Welt in ihrer Vieldeutigkeit, Dynamik, Komplexität, in ihrem Reichtum, aber auch in ihrer Abgründigkeit. Ambiguität ist zugleich Bedingung von lebendiger Differenziertheit *und* Leiden an der Weltwirklichkeit.' [...] *Ambivalenz* ist die Reaktion auf diese Vieldeutigkeit und Komplexität: Zustimmung *und* Ablehnung, sich angezogen fühlen vom Reichtum der Differenziertheit *und* abgeschreckt werden von der Abgründigkeit der Vielfalt." (Klessmann,14)

14 Vgl. Annemarie Smith-von Osten: Von Treysa 1945 bis Eisenach 1946. Zur Geschichte der Grundordnung der Evangelischen Kirche in Deutschland, Göttingen 1980 (Treysa).

15 Die dritte These lautete nach Zitat Epheser 4,5.16: „Die christliche Kirche ist die Gemeinde von Brüdern, in der Jesus Christus in Wort und Sakrament durch den

Heiligen Geist als der Herr gegenwärtig handelt. Sie hat mit ihrem Glauben wie mit ihrem Gehorsam, mit ihrer Botschaft wie mit ihrer Ordnung mitten in der Welt der Sünde als die Kirche der begnadigten Sünder zu bezeugen, dass sie allein sein Eigentum ist, allein von seinem Trost und von seiner Weisung in Erwartung seiner Erscheinung lebt und leben möchte." https://www.ekd.de/Barmer-Theologische-Erklarung-Thesen-11296.htm.

16 Die Missbrauchsskandale sind, so schrecklich sie für die Betroffenen und entlarvend für das geistige Klima in den Kirchen sind, auch ein Symptom einer Kirche, in der die Machtfrage nicht geklärt ist. Im Kern geht es auch hier um geistige Orientierung. Bonhoeffers „ohnmächtiger" Gott, umschrieben in den Briefen aus dem Tegeler Gefängnis, ermächtigt eben nicht zum Machtmissbrauch.

17 Arnd Henze: Wem gehört Bonhoeffer? Wie rechte Kreise den Theologen und Widerstandskämpfer vereinnahmen, in: Zeitzeichen 12/2019, 8–11.

18 Das hebräische Wort für „erkennen" „jada" eröffnet diese Doppeldeutigkeit. In Luthers Übersetzung hieß es: „Adam erkannte seine Frau."

19 Ihren Sohn Walter verabschiedete Paula Bonhoeffer 1914 in den Krieg mit den Worten: „Uns trennt ja nur der Raum", in: Eberhard Bethge: Dietrich Bonhoeffer. Theologe – Christ – Zeitgenosse. Eine Biographie. Achte, korrigierte Auflage, Gütersloh 2004 (Bethge), 50.

20 Ich lese das Wort vom ‚konkreten Denker' bei Eberhard Grisebach: Die Grenzen des Erziehers und seine Verantwortung, Halle 1924 (Grisebach). Grisebachs Buch hat der junge Bonhoeffer intensiv für seine Doktorarbeit zur Thematik der Kirche („Sanctorum Communio" = 1) studiert und verarbeitet. Insbesondere interessierte ihn Grisebachs Gedanke von dem „Anderen" als der ethischen „Grenze" des „Ich".

21 Mit der Lektüre von Sören Kierkegaard im Hintergrund formulierte Bonhoeffer in der „Nachfolge": „Das bedeutet, daß eine Erkenntnis nicht getrennt werden kann von der Existenz, in der sie gewonnen ist" (6,38).

22 Zu „Wer bin ich?" gibt es gutes schul- und gemeindedidaktisches Material, z. B.: Christina Lange: Was sagt mir Dietrich Bonhoeffer? Zugänge für den RU in der Sek I und II, Göttingen 2017.

23 Vgl. z. B. aus dem australischen Kontext: https://relevantmagazine.com/god/enduring-legacy-bonhoeffer/

24 Eberhard Bethge (Hg.): Bonhoeffer Gedenkheft, Verlag Haus und Schule Gmbh, Berlin 1947 (Gedenkheft).

25 Vgl. Eberhard Bethge: In Zitz gab es keine Juden. Erinnerungen aus meinen ersten vierzig Jahren; München 1989 (Zitz),163ff. und 185ff.

26 Vgl. Christoph U. Schmick-Gustavus: Der ‚Prozeß' gegen Dietrich Bonhoeffer und die Freilassung seiner Mörder, Bonn 1995.

27 Abteilung für Wiederaufbau und Kirchliche Hilfsaktionen des Oekumenischen Rates der Kirchen.

28 Bethge übersetzte „repentance" mit „Sühne"! Das ist etymologisch schlecht belegt, hat aber seine Wahrheit in Bonhoeffers Theologie, seinem Verständnis von Gottes Gericht, menschlicher Buße und Sühne. Indem er selbst die Buße zu tragen bereit

war, sollte sie ein Beispiel sein für das stellvertretende Handeln von Christen und Christinnen „für andere". Ihre Spitze fand dieser Gedanke bei Bonhoeffer in seiner Vorstellung von einer Teilnahme der Nachfolgenden an Jesu Christi Dienst in der Welt a. durch ein verantwortliches Handeln in „relativer Sündlosigkeit" (Ethik = 6,279f.), b. durch das Opfer des eigenen Lebens (vgl. Gedicht „Jona", 8,606).

29 Eberhard Bethge (Hg.): Die Mündige Welt, München 1955 (MW I). Später folgen Mündige Welt II und III.

30 Wolfgang Huber: Dietrich Bonhoeffer. Auf dem Weg zur Freiheit. Ein Porträt, München 2019 (Huber) sagt dezidiert „Kein Ende der Religion" (Huber,233ff.). Huber koppelt bei seiner Interpretation sozusagen Bonhoeffers Begriff der „mündig gewordenen Welt" ab von dem der „religionslosen" Welt. Während er dem Begriff der mündigen Welt einen positiven Erkenntniswert zuschreibt, seien Bonhoeffers Ausführungen zu Religion, religiösem Apriori und Religionslosigkeit in den Tegeler Briefen eine „skizzenhafte" und zu schwache „Argumentation" (Huber 241f.). –. So verfehlt man aber das Darüber-Hinaus, das eigentlich kritische, diagnostische und auch vorwärtsweisende Element in Bonhoeffers Theologie.

31 Bekannt geworden sind nach der „Wende" bzw. dem „Fall der Mauer" religionssoziologische Erhebungen in Ostdeutschland, bei denen Jugendliche auf die Frauge, ob sie „religiös" seien, geantwortet hätten, sie seien „normal". https://www.publik-forum.de/Publik-Forum-13-2001/ich-bin-nicht-religioes-ich-bin-normal.

32 Karl Barth: Die Kirchliche Dogmatik, Erster Band. Die Lehre vom Wort Gottes. Erster Halbband, Zürich 1932 (KD) und Folgebände bis KV IV/4. Bonhoeffer kannte die KD bis zu den Druckfahnen von KD II/2, die er sich von Bethge in das Gefängnis holen ließ.

33 Diese in Fachkreisen übliche Einteilung geht auf die Bestimmung einer „spürbare(n) Zäsur" zurück, wie sie Eberhard Bethge für den Brief vom 30.4.1944 festgestellt hatte (Bethge, 959). Andere Bonhoeffer-Auslegende haben diese Zäsur infrage gestellt und stärker noch als auch Bethge die Kontinuität und Kohärenz in Bonhoeffers Theologie betont. Für beide Positionen gibt es gute Argumente; darüber hinaus ist zu bedenken: Bonhoeffer dachte weniger im üblichen wissenschaftlichen Sinn „systematisch", sondern situations- und erfahrungsbezogen und damit „aspektiv": Er denkt Aspekte eines Ganzen zugleich, ohne sie in eine systematische Synthese zu zwingen. Er kann Widersprüchliches kreativ aushalten, ohne es in logische Begriffe einzuordnen. Man kann diese Art der Theologie höchst anregend und weiterführend finden oder unsystematisch und verwirrend. Bonhoeffer macht es einem jedenfalls nicht leicht. Vgl. dazu Bernd-Joachim Vogel: Ich möchte glauben lernen. Wagnis und Bildung. Dietrich Bonhoeffers Theologie in hermeneutischer und bildungstheoretischer Zuspitzung. Hannover, DOI: https://doi.org/10.15488/3704https://www.repo.uni-hannover.de/handle/123456789/3738. (Glauben lernen).

34 Die Systemtheorie Nikas Luhmanns rechnete dazu im Wesentlichen „Kontingenzbewältigung", d. h. den Umgang der Menschen mit z. B. Krankheit und Tod, mit sogenannten Schicksalsschlägen.

35 Hartmut Rosa: Resonanz. Eine Soziologie der Weltbeziehung, Berlin 2016.

36 Friedrich Daniel Schleiermacher: Über die Religion. Reden an die Gebildeten unter ihren Verächter. Ausgabe von Rudolf Otto, 8. Auflage, Göttingen 2002 (Schleiermacher).

37 Karl Barth: Der Römerbrief, Auflage von 1922, Zürich 1940 (Barth: Römerbrief).

38 Ob Bonhoeffer exegetisch, d. h. hier vor allem: historisch, Recht hatte, ausgerechnet Johannes den Täufer als einen „religiösen" Menschen Jesus gegenüberzustellen, ist fraglich. Es kommt auf die Aussageabsicht an, die Bonhoeffer damals hatte. Er braucht diese Gegenüberstellung, um sich in einer biografischen Reflexion von einem Aspekt seiner eigenen „religiösen" Vergangenheit zu distanzieren!

39 Bonhoeffers Begriff von „Sündlosigkeit" oszilliert. Eine eingehende Diskussion kann an dieser Stelle nicht geführt werden. Zum Verständnis nur so viel: In seiner Vorlesung zur Christologie im Sommersemester 1933 unterscheidet Bonhoeffer klar das moralische Handeln Jesu (soweit wir in den neutestamentlichen Zeugnissen überhaupt vom Menschen Jesus etwas finden, B. V.) von seinem „Sein" als dem laut Glaubensbekenntnis „Sohn Gottes". In diesem „ontologischen" (Ontologie = Lehre vom Sein) Sinne wird Jesus nach den Definitionen der kirchlichen Konzile, insbesondere nach dem von Bonhoeffer oft zitierten Konzil von Chalzedon 451 n. Chr., als „ohne Sünde" (sündlos) bekannt, hat Jesus als „wesenhaft sündlos" zu gelten (vgl. 6,234). Moralisch aber, sagte Bonhoeffer in seiner Vorlesung, habe der Mensch Jesus durchaus moralisch fragwürdig gehandelt und sei in diesem Sinne wie wir anderen Menschen. In der „Ethik" knüpft Bonhoeffer an die Gedanken an und kann er von einer „relative(n) Sündlosigkeit" sprechen, an der der verantwortlich handelnde Mensch teilnehmen kann (vgl. 6,279f.). So weit, so klar. Allerdings kann der in Bonhoeffers Sinn „einfältige" Mensch in einer Weise und Qualität am Sein Jesu teilnehmen, dass er so sehr nah dran bleibt an Jesus, dass die auch von Bonhoeffer sonst betonte „Erbsünde" de facto keine Rolle mehr spielen muss. Der Mensch, der aufgerufen ist, Gottes Leiden in der Welt mitzuleiden, der sich vielleicht tatsächlich hineinreißen lässt in das messianische – d. h. das erlösende! – Leiden Jesu Christi (vgl. 8,535f.), wird im Sinne der Bergpredigt Jesu wenigstens punktuell ein „ganzer" Mensch (vgl. 8,511), von welchem Gedanken aus neu über die christliche Sündenlehre und damit über die Anthropologie und damit über Rechtfertigung und das, was traditionell „Heiligung" genannt wurde, nachzudenken wäre. Wir haben da einige Gedankenfäden Bonhoeffers in der Hand und noch nicht die systematische Verknüpfung, aber immerhin.

40 Dies näher auszuführen, ist an dieser Stelle nicht der Platz. Nur so viel zum Verständnis: Der Grundansatz der Nachfolge ist die pure Beziehung Jesus Christus – nachfolgender Mensch. Dazu steht Bonhoeffer am 21. Juli 1944. Insbesondere im zweiten Teil seines Buches gibt Bonhoeffer in Bezug auf „Gemeindezucht" diverse moralische Empfehlungen und Regeln, die diesem Grundansatz zuwiderlaufen und eben doch „so etwas wie ein heiliges Leben" gegen das Leben in der „Welt" aufzubauen versuchen.

41 S. dazu oben meine Überlegungen zu Bonhoeffers Gedanken zur Sündlosigkeit Jesu, relativer Sündlosigkeit usw.

42 Man beachte die Reihenfolge und das Komma, wie er es am 21.7.1944 setzt: „und so wird man ein Mensch, ein Christ“ (8,542). Hier ist „Christ“ nicht als Steigerung des Menschlichen an das Ende gesetzt, sondern ist eine Apposition des Menschlichen!

43 Dieses fundamentale Thema kann an dieser Stelle nicht ausführlich diskutiert werden. Wichtig ist, Bonhoeffers Bezug auf Paulus und „Religionslosigkeit“ in den Kontext der Jahrzehnte andauernden Diskussion um eine Theologie nach der Shoah zu stellen. Es wird sich dabei zeigen, dass auch Bonhoeffer noch ein „gesetzliches“ Missverständnis des jüdischen „Gesetzes“ (der Tora) teilte, dass er aber andererseits mit seiner Religionskritik letztlich nicht „das“ Judentum traf, sondern nur eine – hypothetisch gebliebene – Möglichkeit, dass sich damals eben nicht Paulus, sondern etwa Jakobus durchgesetzt hätte, was – auch dies muss Hypothese bleiben – wohl dazu geführt hätte, dass sich die Botschaft vom Messias Jesus nicht in die damalige Völkerwelt verbreitet hätte. Zur Sache vgl. Petra Roedenbeck-Wachsmann / Bernd Vogel: Werkbuch Paulus. Inspirationen und Provokationen für Gemeinde, Schule und Erwachsenenbildung, Stuttgart 2016.

44 Ernst Feil: Die Theologie Dietrich Bonhoeffers. Hermeneutik. Christologie. Weltverständnis, München 1971. Die Diskussion darüber, was Bonhoeffer in den Tegeler Briefen „Religion“ nennt, ist trotz einschlägiger Literatur bis heute nicht zu einem befriedigenden Ergebnis gekommen. Einen Vorschlag mache ich – über das Buch verteilt in mehreren Anläufen, mit mehreren Aspekten.

45 Vgl. Dietrich Bonhoeffer: Sanctorum Communio. Eine dogmatische Untersuchung zur Soziologie der Kirche, hg. von Joachim von Soosten, München 1986 (1), 172.; sowie Dietrich Bonhoeffer: Zur theologischen Begründung der Weltbundarbeit, in: Ders.: Ökumene, Universität, Pfarramt 1931–1932, hgg. von Eberhard Amelung und Christoph Strohm, Gütersloh 1994 (11), 330.

46 Vgl. Andreas Pangritz: Zu Dietrich Bonhoeffers Verständnis der Arkandisziplin, zu „Arkandisziplin“, Vottewag 2014, veröffentlicht: https://www.etf.uni-bonn.de/de/ev-theol/einrichtungen/systematische-theologie/personen/prof.-dr.-phil.-a.-pangritz-1/texte-zum-download/arkandisziplin-bei-bonhoeffer-november-2014.

47 Ruth-Alice von Bismarck und Ulrich Kabitz mit einem Nachwort von Eberhard Bethge: Brautbriefe Zelle 92. Dietrich Bonhoeffer Maria von Wedemeyer 1943–1945, München 1992 (Brautbriefe).

48 Vorausgesetzt, Bethges Angabe, das Bild stamme aus dem Juni 1944, stimmt. Vgl. „Bonhoeffers Lektüre“ in Bethge, 1055. Bonhoeffer rekurrierte auf von Weizsäcker und Dilthey mehrfach im Zeitraum Mai und Juni 1944. Seine Bibel wird er kaum mit auf den Hofgang genommen haben, eher ein Buch, worüber ein kurzes Gespräch mit einem Mithäftling, z. B. mit dem italienischen Techniker Professor Gaetano Latmiral, sinnvoll war, vgl. Bethge, 953ff.

49 https://gutenberg.spiegel.de/buch/der-wandsbecker-bote-5206/121. Neben 16 weiteren Hinweise bei Bethge,791 sowie insgesamt zum Geist des gemeinsamen Lebens in Finkenwalde: Wolfgang Seehaber: Bonhoeffer und Bethge. Das Porträt einer wunderbaren Freundschaft, Basel 2016.

50 Bernd Vogel: Glauben lernen. Auf Spurensuche bei Dietrich Bonhoeffer, Gütersloh 2006, 24f.

51 Ein wunderbares Stück Theologie im Gespräch mit Bonhoeffer ist dazu Henning Luther: Identität und Fragment. Praktisch-theologische Überlegungen zur Unabschließbarkeit von Bildungsprozessen, in: Ders.: Religion im Alltag. Bausteine zu einer Praktischen Theologie des Subjektes, Stuttgart 1992, 160–182.

52 Jutta Koslowski (Hg.): Aus dem Leben der Familie Bonhoeffer. Die Aufzeichnungen von Dietrich Bonhoeffers jüngster Schwester Susanne Dreß, Gütersloh 2019 (Dreß).

53 Im Tegeler Gefängnis unterscheidet Bonhoeffer die Notwendigkeit einer Kunst des Sterbens von der Bewältigung der Frage nach dem Tod als dem Ende des menschlichen Lebens. Jene hielt er theoretisch für eine dem Menschen mögliche Befähigung, nicht so den Tod selbst, für dessen Überwindung er auf den christlichen Glauben an die Auferstehung setzte.

54 Sabine Leibholz-Bonhoeffer: Vergangen. Erlebt. Überwunden. Schicksale der Familie Bonhoeffer, Gütersloh 1976 (Leibholz-Bonhoeffer).

55 In seinem Buch vom „Gemeinsamen Leben“ (1938) gab Bonhoeffer theologisch Rechenschaft über das für evangelische Christen und die Ausbildung von Pastoren damals völlig ungewöhnliche Experiment des gemeinsamen Lebens in seinen Predigerseminaren in Zingst, Finkenwalde und – soweit das unter den veränderten Umständen ohne gemeinsame Behausung noch möglich war – noch in den Sammelvikariaten. Der wesentliche Gedanke, der die verschiedenen Themen zusammenhält, besteht in der Unterscheidung von „psychisch“ und „pneumatisch“ bedingter Gemeinschaft. Bonhoeffer suchte jedenfalls in der Zeit seiner aktiven Beteiligung am Kirchenkampf (1933 bis ca.1939, durch staatliche Repressionen weitgehend zum Stillhalten gezwungen) nach einer menschlichen Gemeinschaft, in der zuletzt nicht die verschiedenen Bedürfnisse und die menschlich unvermeidbaren Projektionen die Beziehung bestimmen, sondern Jesus Christus als der „Mittler“ die seelische Unmittelbarkeit aufhebt und damit von außen eine Freiheit in die Beziehungen hereinkommt, die die Menschen in dieser Freiheit erst zu sich selbst, für einander und für den gemeinsamen Dienst in der Welt befähigt. Mittlerweile ist in manchen christlichen Gemeinschaften, die sich von Bonhoeffers Ideen haben inspirieren lassen, erkannt, dass Bonhoeffers wertende Gegenübersetzung von „psychischer“ und „pneumatischer“ Dimension in menschlichen Beziehungen gefährlich sein kann, wenn z. B. ein „psychisches“ Beziehungsgeschehen nicht als solches gewürdigt und ggf. auch kritisiert werden kann, weil es „geistlich“ überhöht wurde. Ungezählter Missbrauch – nicht nur im sexuellen Sinn – wurde gerade in Gemeinschaften möglich und dort lange vertuscht, in denen ein besonders hoher Anspruch galt in Bezug auf die „geistliche“ Qualität der Gemeinschaft. Bonhoeffers Unterscheidung bleibt als ein kritisch gehandhabtes analytisches Instrument trotzdem interessant.

56 Die am 8.7.2019 verstorbene Nichte Dietrich Bonhoeffers, Renate Bethge, geb. Schleicher, hat oft betont, dass insbesondere Bonhoeffers Haltung im Gefängnis und inhaltlich vieles von seiner neuen Theologie direkt oder indirekt mit dem

Erbe zusammenhing, das ihm wie allen Geschwistern (und auch Kindern wie denen der befreundeten Schleichers und Dohnanyis) durch ihr Elternhaus und die Traditionen der Familie mit auf den Lebensweg gegeben wurde.

57 Karl Barth: Evangelium und Gesetz, Theologische Existenz heute, Heft 50, München 1935: „Das Gesetz b e z e u g t ja die Gnade Gottes; darin ist es die Form des Evangeliums; darin ist es Anspruch und Forderung, Bußruf und Prophetie" (ebd., 14).

58 Jürgen Henkys: Geheimnis der Freiheit. Die Gedichte Dietrich Bonhoeffers aus der Haft. Biographie/Poesie/Theologie, Gütersloh 2005 (Henkys).

59 Vgl. die gleichnamige Theaterproduktion von EureFormation / Stuttgart: „Bonhoeffer_Der mit dem Lied".

60 In 8,19, Anmerkung 1, geben die Herausgeber nur an, dass der Text für Bethge, Dohnanyi und Oster (beide bei der militärischen Abwehr) „verfasst" worden sei. Leider erfahren wir nicht, ob er die Adressaten auch erreicht hat.

61 Der Text wird in Kirchengemeinden als alternatives Glaubensbekenntnis verwendet. Bonhoeffer hatte von „einigen Glaubenssätze(n)" gesprochen, doch entspricht diese Praxis Bonhoeffers Auffassung von einem Glaubensbekenntnis. Das Augsburger Bekenntnis von 1530 oder die von Bonhoeffer mit seinen Kandidaten studierte „Solida Declaratio" der Konkordienformel von 1577, beide in den Lutherischen Bekenntnisschriften, waren für ihn vor allem theologiehistorisch interessant und nur bedingt „normierend". Bonhoeffer sah auch in den ehrwürdigsten reformatorischen Bekenntnissen keine für alle Zeiten gültige Zusammenfassung eines konfessionell-theologisch definierten Lehrganzen, sondern eine Grundlage für den im Gottesdienst öffentlich werdenden Ausdruck des tatsächlichen Glaubens einer Gemeinde in der Zeit.

62 Kai-Ole Eberhardt: „Werkzeuge in der Hand des Herren der Geschichte" – Überlegungen zum Zusammenspiel von Providenz und Verantwortungsethik in Dietrich Bonhoeffers Glaubenssätzen über das Walten Gottes in der Geschichte, in: Dietrich-Bonhoeffer-Verein (dbv): Zeitschrift „Verantwortung", 32. Jahrgang / Nr. 61, Juni 2018, 8–12, Zitat S. 9.

63 Renate Bethge: Dietrich Bonhoeffer. Eine Skizze seines Lebens, Gütersloh 2004 (Renate Bethge).

64 Dorothee Sölle: Stellvertretung. Ein Kapitel Theologie nah dem ‚Tode Gottes', Stuttgart/Berlin 1965 (Stellvertretung). Sölle unterschlägt das von Bonhoeffer gesetzte einfache Anführungszeichen bei „Das ist ihr ‚Glaube'" unten und oben. Bonhoeffer markierte mit solchen einfachen Anführungszeichen fast immer eine von ihm selbst gesehene Notwendigkeit, über einen einmal gefundenen Begriff weiter nachdenken zu wollen und zu müssen. Hier weist Bonhoeffer mit den gewählten biblischen Beispielen: den Hirten und den Weisen aus dem Osten an der Krippe, dem Hauptmann von Kapernaum usw. tatsächlich auf einen auch ihm selbst in dieser Zuspitzung überraschend neuen Begriff von ‚Glauben' hin. Allerdings betont Bonhoeffer einen ihm wichtigen Aspekt, sagt nicht das Ganze: Glauben als Hörbereitschaft, Zuversicht, Lebensvertrauen, tatkräftige Hilfe.

65 www.bistum-fulda.de/bistum_fulda/media/pastoraler_prozess/pdf/fortbildung/pgr_haus/Gebete.pdf

66 Auszug aus dem Auszug des Briefes von Karl Barth an P. W. Herrenbrück, Brief vom 21.12.1952, in: MW I, 121f. Später hat Barth die theologische Bedeutung der Gefängnisbriefe Bonhoeffers relativiert, als er laut Vorwort Bethge zur ‚Mündigen Welt' II den ‚Rat' gegeben hat, „man solle sich doch – und das sei auch Bonhoeffers würdiger – an den Bonhoeffer halten, der in den früheren Schriften deutliche und klare Äußerungen gemacht habe, statt sich auf den unsicheren Boden der Briefe zu begeben, wo jeder in die Schlagworte hineinlege, was ihm gerade am Herzen liege [...]".

67 Die Herausgebenden von „Widerstand und Ergebung" verweisen in ihrer Anmerkung (8,557, Anm. 7) auf Bonhoeffers Vorlesung von 1935/36, in der er die „Orthodoxie" und den „Pietismus" als je für sich und gleichermaßen Verfehlungen des neutestamentlichen Kirchenverständnisses darstellte (14,431). Das ist ein wichtiger Hinweis in Bezug auf die Konsistenz von Bonhoeffers Denken durch die Jahre hinweg. Aber nun gilt doch auch: Mit dem theologischen Neuansatz von 1944 hat Bonhoeffer seine Argumentation verschärft. Ging es ihm damals um die Wiedergewinnung eines biblisch begründeten Kirchenbegriffs und darum um die Abwehr von lutherisch-orthodoxen und pietistischen Verkürzungen, setzt er nun seine theologische Religionskritik oben auf; denn mittlerweile erscheint ihm auch die Bekennende Kirche mit ihrem Anspruch, Bibel und Bekenntnis auf ihrer Seite zu haben, im Wesentlichen eine um sich selbst bemühte Religion gewesen zu sein.

68 Das griechische Wort „teleios", das Luther mit „vollkommen" übersetzte, bedeutet zunächst, auf das Telos = das Ziel ausgerichtet.

69 Hinweis der Herausgeber: Gemeint sei auch Jakobus 1,7.

70 Ich habe diese mehrperspektivische und mehrdimensionale Denkweise Bonhoeffers an anderer Stelle in Anlehnung an Gedanken der Ägyptologin Emma Brunner-Traut und des Alttestamentlers Friedrich Avemarie „aspektiv" genannt (Glauben lernen,13). Eine „aspektive" Sicht auf die Welt gleicht demnach dem mindestens zweifachen Blick auf eine antike ägyptische Sitzschreitfigur, die je sowohl objektiv wie auch subjektiv zu dem Ergebnis führen kann, dass diese Figur sitzt bzw. schreitet. Im Judentum, so Avemarie, sei diese Fähigkeit gepflegt worden, logische Widersprüche z. B. in Bezug auf die Rede von Gott existenziell und sprachlich auszuhalten, statt sie in eine zweiwertige Logik nach Art der antiken griechischen Philosophie aufzulösen. Nach wie vor meine ich, dass wir in Bezug auf Bonhoeffer von einem auf weite Strecken „aspektiven" Denken reden können. Der Begriff scheint aber allzu schwer verständlich zu sein. Darum verwende ich ihn in der Regel nicht mehr.

71 Vgl. seine in dieser Hinsicht völlig unverdächtige Studienarbeit zu Hiob. Dietrich Bonhoeffer: Jugend und Studium 1918–1927, hg. von Hans Pfeifer in Zusammenarbeit mit Clifford Green und Carl-Jürgen Kaltenborn, München 1986 (9), 452–473: „Gott ist launisch, gewiß, aber er ist dennoch gerecht; zeigt er sich jetzt von der ersten Seite, so muß die Zeit doch kommen, wo Hiob ihn von der zweiten

wiedersieht. Beide Seiten aber stehen in undurchforschlichem Zusammenhang" (ebd., 459). Der Dichter der Hiob-Reden, so Bonhoeffer, will die „Wahrhaftigkeit Hiobs" hervorheben und „den Triumph des Gerechten, der über dem launischen Gott den gerechten liebenden Freund Gott nicht vergißt" (ebd., 462).

72 Vgl. Bonhoeffers Aufsatzfragment „Was heißt Die Wahrheit sagen?", in: 16, 619–629.

73 Deterministisch: von der Vorstellung eines vorherbestimmten oder mindestens vorhersehbaren Geschichtsverlaufes geprägt.

74 Wörtlich: „Gib mir einen (festen) Punkt, wo ich stehen kann", Teil eines Zitats, das Archimedes zugeschrieben wird: „Gib mir einen festen Punkt [und einen genügend langen Hebel], und ich bewege die Erde mit einer Hand!"

75 „1891 verweigerte der württembergische evangelische Pfarrer Christoph Schrempf aus Gewissensgründen die übliche Rezitation des Apostolikums während der Taufe mit dem Argument, er könne wesentliche Aussagen desselben nicht bejahen. Dies führte zu seiner sofortigen Entlassung ohne Pensionsansprüche. Berliner Theologiestudenten holten sich daraufhin bei dem dortigen Ordinarius für Systematische Theologie Adolf von Harnack Rat, ob sie eine Petition an den altpreußischen Evangelischen Oberkirchenrat (EOK) richten könnten mit der Forderung, das Apostolikum abzuschaffen. Harnack riet ihnen von einem solchen Schritt ab, vermittelte ihnen dann aber im Rahmen einer Vorlesung seine eigenen Kritikpunkte gegenüber dem Apostolikum (v. a. zur Jungfrauengeburt) und publizierte diese 1892. Darin forderte er zwar nicht die Abschaffung des altkirchlichen Symbols (alternative Bezeichnung für das Apostolikum), regte aber die Schaffung eines gleichrangigen, unanstößigen Formulars an. Diese Veröffentlichung löste einen Proteststurm in der kirchlichen Öffentlichkeit und in der Folge eine (nicht nur literarische) Auseinandersetzung aus, die die Gegensätze zwischen der theologisch liberalen Ritschl-Schule und ihren Gegnern, der kirchlich-positiven Richtung, zum Ausdruck brachten. Beispielsweise zählte die Evangelisch-Lutherische Konferenz die Jungfrauengeburt zum Fundament des Christentums." (https://de.wikipedia.org/wiki/Apostolikumsstreit)

76 Martin Luther: Von der Freiheit eines Christenmenschen (1520), in: Karin Bornkamm / Gerhard Ebeling (Hgg.): Martin Luther. Ausgewählte Werke. Bd. 1: Aufbruch zur Reformation, Frankfurt a. M. 1982, 238–263 (Luther Freiheit).

77 An dieser Stelle nur ein kurzer Hinweis zum Weiterdenken: Bonhoeffers „Ethik" fußt auf der Einheit von Gottes- und Weltwirklichkeit in der Christuswirklichkeit. In Christus bekommen die ethisch Handelnden Anteil an der Christuswirklichkeit. Das lässt sie wirklichkeitsgemäß handeln. Muss diese Ethik „zusammenbrechen", wenn sich herausstellte, dass sich die „Christuswirklichkeit in keiner Weise mehr definieren ließe etwa durch eine Lehre von göttlichen Mandaten, innerhalb derer immerhin ein Mandat „Kirche" anzusetzen wäre, die Kirche einen entsprechenden „Raum" in der Welt einnimmt? Eberhard Bethge fragte entsprechend bei Bonhoeffer nach diesem „Raum" und bekam, soweit wir wissen, keine Antwort, vgl. 8,463f. mit 8,482.

78 Mit anderem Fokus, aber ebenfalls mit Blick auf die Verschränkung von Person, Biografie und Theologie, betont diese Denkbewegung Dietrich Bonhoeffers im

Gefängnis in Tegel Martin Bormann: Jesus Christus und die mündige Welt. Dietrich Bonhoeffers Briefe und Aufzeichnungen aus der Haft vor dem Hintergrund der erinnerten Jugendzeit, Rheinbach 2015.

79 Friedrich Schleiermacher: Die Praktische Theologie nach den Grundsätzen der Evangelischen Kirche im Zusammenhang dargestellt, in: Jakob Frerichs (Hg.), Friedrich Schleiermacher: Sämmtliche Werke. Abteilung 1: Zur Theologie, 13. Band, Berlin 1983, 704ff.

80 Nicht, dass Barth nicht auch seinen Sinn für die Fragestellungen der modernen Welt und seiner Zeit gehabt hätte – im Gegenteil! Aber er kam doch zuerst von der Antwort her, wie er sie in der Bibel und im Ereignis der Offenbarung Jesu Christi gefunden hatte. Barth kannte wohl auch die Fragen; aber sie rührten sozusagen nicht an die Fundamente. Bonhoeffer war da in gewisser Weise angefochtener oder auch sensibler oder auch gesprächsbereiter, riskanter und risikobereiter.

81 Die Denkbewegung ist: Wenn Kirche und Theologie keine „Stufen der Erkenntnis und Stufen der Bedeutsamkeit" kennen, wenn die Theologie den Eindruck erweckt, es sei jeder „Inhalt", jedes Lehrstück z. B. im Rahmen der evangelischen Theologie „gleichbedeutsam" und gleich „notwendig", z. B. eben die „Lehre" von der „Jungfrauengeburt, Trinität" usw., dann kann das dazu führen, dass Menschen einerseits sich ausgegrenzt fühlen (weil sie da ja nicht mitreden könnten – wie oft höre ich diese Klage bei Gemeindegesprächsveranstaltungen!) oder aber – die andere Seite derselben Sache – es wird etwas Inhaltliches vom christlichen Glauben in aller Öffentlichkeit breit getreten, „profaniert" im Sinne von: unverstanden und als religiöse Glaubensforderung nicht einmal zu Markte getragen, sondern unter die Füße der Leute geschüttet. Bonhoeffer meinte – was selbstverständlich nicht der Absicht Barths entspricht – dass Barths großes theologisches Werk diesen Eindruck vermitteln könnte.

82 Vgl. auch: Nadine Hamilton: Dietrich Bonhoeffers Hermeneutik der Responsivität. Ein Kapitel Schriftlehre im Anschluss an ‚Schöpfung und Fall', Göttingen 2016.

83 Referat über ‚historische und pneumatische Schriftauslegung', das er am 31.7.1925 im Seminar bei Reinhold Seeberg hielt.

84 Jeder Versuch zu verstehen schließt den oder die ein, der oder die verstehen möchte.

85 Carl Friedrich von Weizsäcker hat 1976 Bonhoeffer „Biblizismus" attestiert. Weizsäcker, Carl Friedrich von, „Gedanken eines Nichttheologen zur theologischen Entwicklung Dietrich Bonhoeffers. Vortrag beim Bonhoeffer-Symposion (anlässlich Dietrich Bonhoeffers 100. Geburtstages)", in: Hans Pfeifer, Genf 76. Ein Bonhoeffer-Symposion, München 1976, 29–67.

86 Diese „Lücke" ist auf einer letzten, gedanklich nicht weiter auflösbaren Ebene eine Frage des Glaubens: Handelt Gott durch das Wort der Bibel, spricht der lebendige Gott zum Menschen – oder ist alles, was Menschen schreiben (auch die Bibel) und bedenken, ausschließlich menschlicher Gedanke – und sonst nichts?

87 Karl Barth: Gesamtausgabe, IV. Gespräche, Gespräche 1963, hg. von Eberhard Busch, Zürich 2005 (Gespräche 1963).

88 Werner Zager (Hg.): Rudolf Bultmann. Aus Zeit wird Ewigkeit. Trauerpredigten, Leipzig 2018.

89 Michael Hampe: Die Lehren der Philosophie. Eine Kritik, Berlin 2014 (Hampe).

90 Das Konzil von Chalcedon (451) bildete mit seinen Lehraussagen einen gewissen Abschluss der bis dahin schon Jahrhunderte dauernden Diskussion um die Person Jesu Christi in ihrer Beziehung zu Gott Vater (und dem Heiligen Geist). Bonhoeffer hat sich intensiv mit der „christologischen" Frage in seiner Vorlesung zur Christologie auseinandergesetzt, vgl. die Nachschrift in 12,279–348. In teilweise riskanten Formulierungen im Sinne von mehrsinnig zu verstehenden Äußerungen (bedenke aber: Es handelt sich um eine Nachschrift aufgrund von Mitschriften) lotet Bonhoeffer schon 1933 aus, wie weit er theologisch gehen könne, um wirklich vom ganzen Menschen Jesus reden zu können: „Auch in seiner σάρξ [„sarx", d. h. in seinem „Fleisch", B. V.] war ein Gesetz, das dem Willen Gottes zuwider war. Er stand allezeit im Kampf. Er tat auch, was wie Sünde aussah. Er war hart zu seiner Mutter im Tempel, er wich seinen Gegnern aus, er rief zum Widerstand gegen die herrschende Kaste der Frommen und Menschen. Er mußte in den Augen der Menschen ein Sünder sein. So trat er hinein bis zur Unkenntlichkeit." (12,344). Vgl. dazu: Bernd Vogel: Mensch Jesus! Auf Bonhoeffers Spuren – Jesus Christus neu verstehen lernen, Neukirchen 2007, 108ff. („Jesus und die Sünde").

91 Zettelnotiz NL A 75,122, überschrieben „Das 8. Gebot", in: Dietrich Bonhoeffer: Zettelnotizen für eine ‚Ethik', hg. v. Ilse Tödt, München 1993 (Zettelnotizen = ZN).

92 Ich führe das an dieser Stelle und in diesem Rahmen nicht weiter aus; aber es ist von höchster Bedeutung für die biblische Theologie, die Hermeneutik, die sogenannte Theologie nach der Shoah, Israel-Theologie usw., dass Bonhoeffer tatsächlich schon vor 1945 damit angefangen hat, das ‚Alte Testament' nicht durchgängig, aber de facto auch als jüdische Bibel und eben nicht allein als „Buch von Christus" zu lesen. In dieser Richtung sollte man heute über das ansonsten zum Thema instruktive Buch Martin Kuskes hinausgehen. Vgl. Martin Kuske: Das Alte Testament als Buch von Christus. Dietrich Bonhoeffers Wertung und Auslegung des Alten Testaments, Göttingen 1971.

93 Vgl. Paul Tillich: Systematische Theologie I, 8. Auflage Berlin /New York 1987, 15.

94 Die Tageslosung am 8. Juni 1944 war Psalm 34,20: „Der Gerechte muss viel leiden; aber der Herr hilft ihm aus dem allen." Bonhoeffer schreibt an Renate und Eberhard wieder anlässlich ihrer beider räumlichen Trennung: „‚Aber der Herr hilft ihm' – nicht in jedem Leiden der Menschen ist Gottes Hilfe. Aber in dem Leiden des Gerechten ist immer Gottes Hilfe, weil er ja mit Gott leidet. Gott ist immer dabei. Der Gerechte weiß, daß Gott ihn so leiden läßt [, damit] er Gott um seiner selbst willen lieben lernt. Im Leiden findet der Gerechte Gott. Das ist seine Hilfe. Findet in eurer Trennung Gott und ihr findet Hilfe. [...]. Nur aus dem Unmöglichen kann die Welt erneuert [werden, und] das Unmögliche ist der Segen Gottes. [...]. Lieber Eberhard, liebe Renate! Diese Worte flossen mir in die Feder, als ich in Gedanken an Euch die Losungen der Euch bevorstehenden Tage meditierte. Sie sind nur in der Eile hingeworfen und vorher nicht formuliert und wollen Euch nur beim eigenen Lesen der Texte begleiten und wenn möglich etwas helfen [...]

Nun lebt wohl, seid guter Zuversicht und hofft mit mir auf ein baldiges frohes Wiedersehen! Euer Dietrich" (16,657f.). „Findet in eurer Trennung Gott und ihr findet Hilfe." Das ist scheinbar ein „christlicher" Rat. Bonhoeffer wiederholt hier aber den Gedanken der persönlich auszuhaltenden „Lücke". Er gibt keine christliche Antwort auf eine menschliche Frage, wie ein „religiöser" Mensch sie erwarten würde. Stattdessen weist er in eine persönliche Haltung ein und gedanklich in die Vorstellung, dass „der Gerechte" Gott gerade dort findet, wo ein Mensch mit einer „religiösen" Erwartung von der schmerzlichen Abwesenheit sprechen würde. Der „Gerechte" aber ist in der Nähe Jesu, im Leiden.

95 Korrekt wäre wohl: δός μοι πᾷ στῶ καὶ τὰν γᾶν κινήσω. Es gibt weitere ähnliche Versionen. Statt vom sicheren Standpunkt aus und mit Hebelwirkung die „Erde" zu bewegen, gibt es auch die Version, dass so „alles" zu bewegen wäre.

96 „Liturgismus": Gemeint sind die Vorüberlegungen zur „Agende I" (1955 eingeführt) mit den dazu gehörenden hoch gespannten Erwartungen. Mit Liturgie konnte der reformierte Theologe Barth noch weniger anfangen als der Lutheraner Bonhoeffer. Das „Religiöse" am Liturgischen war beiden unheimlich. Allerdings war Bonhoeffer die Feier des Abendmahls persönlich sehr wichtig.

97 Karl Barth: How my mind has changed 1938–1948, in: Matthias Freudenberg / Georg Plasger (Hgg.): Barth lesen. Zentrale Texte seines Denkens, Zürich 2019, 28–33 (How my mind).

98 Auszug aus dem Auszug des Briefes von Karl Barth an P. W. Herrenbrück, Brief vom 21.12.1952, in: MW I, 121f. – Später hat Karl Barth in einem Brief an Eberhard Bethge anlässlich der Lektüre von dessen Bonhoeffer-Biographie die Bedeutung der Gefängnisbriefe Bonhoeffers insgesamt infrage gestellt. Er lese die in ihren theologischen Spitzenaussagen und „Bonmots" kaum zu verstehenden Briefe als eine Station auf Bonhoeffers eindrücklicher Lebensreise, die dieser später sicherlich hinter sich gelassen hätte. Vgl. Karl Barth: Gesamtausgabe, V. Briefe 1961–1968, hgg. von Jürgen Fangmeier und Hinrich Stoevesandt, Zürich 1975, 403ff.

99 Karl Barth: Kirchliche Dogmatik Band I/2: Die Lehre vom Wort Gottes, Verlag Zollikon, Zürich 1940, § 15: Das Geheimnis der Offenbarung, Absatz 3: Das Wunder der Weihnacht (KD I/2), 187–221.

100 Über das „Vorbild" (im Neuen Testament) hätte Bonhoeffer extra schreiben wollen (8,561)!

101 Bonhoeffer setzte hinter „Die Religionslosigkeit des mündig gewordenen Menschen" ein „!", welches in DBW 8,557 nicht erscheint. Das Thema war ihm zentral wichtig, wenn es auch in der Bonhoeffer-Forschung aus verschiedenen Gründen zur Seite gelegt wurde.

102 Dass „allein der Glaube" den Menschen vor Gott „rechtfertige" war Luthers Thema. Bonhoeffer fragte eher nach der Sichtbarwerdung von Gottes Liebe und Wirklichkeit in der Welt. „Allein der Glaube" – ja, aber doch als existenzielle Teilhabe am Sein Jesu, als Leben mit Jesus und d. h. mit und für andere. Das eigene Seelenheil dabei oder darüber hinaus war Bonhoeffer gar nicht derart im Blick. Das gab es sozusagen inklusiv mit: in der Teilnahme am Sein Jesu.

Zitierte Literatur

Vorbemerkung: Zitate, die im Haupttext nur mit Bandnr. und Seitenzahl belegt sind, stammen aus der Dietrich Bonhoeffer Werkausgabe.

Dietrich Bonhoeffer

Dietrich Bonhoeffer: *Sanctorum Communio. Eine dogmatische Untersuchung zur Soziologie der Kirche*, hg. von Joachim von Soosten, Dietrich Bonhoeffer Werke (DBW), München 1986 (DBW 1 = 1).

–: *Akt und Sein.* Transzendentalphilosophie und Ontologie
in der systematischen Theologie, hg. von Hans-Richard Reuter, München 1988 (DBW 2 = 2).

–: *Schöpfung und Fall*, hgg. von Martin Rüter und Ilse Tödt, München 1989 (DBW 3 = 3).

–: *Nachfolge*, hgg. von Martin Kuske und Ilse Tödt. Dritte, durchgesehene und aktualisierte Auflage, München 2002 (DBW 4 = 4).

–: *Gemeinsames Leben. Das Gebetbuch der Bibel*, hgg. von Gerhard Ludwig Müller und Albrecht Schönherr, München 1997 (DBW 5 = 5).

–: *Ethik*, hgg. von Ilse Tödt, Heinz Eduard Tödt, Ernst Feil und Clifford Green, München 1992 (DBW 6 = 6).

–: *Fragmente aus Tegel*, hgg. von Renate Bethge und Ilse Tödt, München 1994 (DBW 7 = 7).

–: *Widerstand und Ergebung*. Briefe und Aufzeichnungen aus der Haft, hgg. von Christian Gremmels, Eberhard Bethge und Renate Bethge in Zusammenarbeit mit Ilse Tödt, München 1998 (DBW 8 = 8).

–: *Jugend und Studium 1918–1927*, hgg. von Hans Pfeifer in Zusammenarbeit mit Clifford Green und Carl-Jürgen Kaltenborn, München 1986 (DBW 9 = 9).

–: *Barcelona, Berlin, Amerika 1928–1931*, hgg. von Reinhard Staats und Hans Christoph von Hase in Zusammenarbeit mit Holger Rüggelin und Matthias Wünsche, München 1991 (DBW 10 = 10).

–: *Ökumene, Universität, Pfarramt 1931–1932*, hgg. von Eberhard Amelung und Christoph Strohm, München 1994 (DBW 11 = 11).

–: *Berlin 1932–1933*, hgg. von Carsten Nicolaisen und Ernst-Albert Scharffenorth, München 1997 (DBW 12 = 12).

–: *London 1933–1935*, hgg. von Hans Goedeking, Martin Heimbucher und Hans-Walter Schleicher, München 1994 (DBW 13 = 13).

–: *Illegale Theologenausbildung: Finkenwalde 1935–1937*, hgg. von Otto Dudzus und Jürgen Henkys in Zusammenarbeit mit Sabine Bobert-Stützel, Dirk Schulz und Ilse Tödt, München 1996 (DBW 14 = 14).

–, *Die Finkenwalder Rundbriefe. Briefe und Texte von Dietrich Bonhoeffer und seinen Predigerseminaristen 1935–1946*, hg. von Ilse Tödt, Gütersloh 2013 (DBW 14 Ergänzungsband).

–: *Illegale Theologenausbildung: Sammelvikariate 1937–1940*, hgg. von Dirk Schulz, München 1998 (DBW 15 = 15).

–: *Konspiration und Haft. 1940–1945*, hgg. von Jørgen Glenthøj, Ulrich Kabitz und Wolf Krötke, München 1996 (DBW 16 = 16).
–, *Register und Ergänzungen*, hgg. von Herbert Anzinger und Hans Pfeifer unter Mitarbeit von Waltraud Anzinger und Ilse Tödt, München 1999 (DBW 17).
Dietrich Bonhoeffer: Zettelnotizen für eine ‚Ethik', hg. von Ilse Tödt, München 1993 (Zettelnotizen = ZN).

Sekundärliteratur

Karl Barth: Evangelium und Gesetz, Theologische Existenz heute, Heft 50, München 1935.
Karl Barth: Gesamtausgabe, V. Briefe 1961–1968, hgg. von Jürgen Fangmeier und Hinrich Stoevesandt, Zürich 1975. Karl Barth: Gesamtausgabe, IV. Gespräche, Gespräche 1963, hg. von Eberhard Busch, Zürich 2005 (Gespräche 1963).
Karl Barth: How my mind has changed 1938–1948, in: Matthias Freu-denberg/Georg Plasger (Hgg.): Barth lesen. Zentrale Texte seines Denkens, Zürich 2019, 28–33 (How my mind).
Karl Barth: Die Kirchliche Dogmatik, Erster Band. Die Lehre vom Wort Gottes. Erster Halbband, (I/1) Zürich 1932 (KD)
Karl Barth: Kirchliche Dogmatik Band I/2: Die Lehre vom Wort Gottes, Verlag Zollikon, Zürich 1940, § 15: Das Geheimnis der Offenbarung, Absatz 3: Das Wunder der Weihnacht (KD I/2).
Karl Barth: Der Römerbrief, Auflage von 1922, Zürich 1940 (Barth: Römerbrief).
Karl Barth: Das Wort Gottes als Aufgabe der Theologie (Vortrag 1922), in: Ders. Vorträge und kleinere Arbeiten 1922–1925, hg. von Holger Finze, Karl Barth-Gesamtausgabe, Abteilung III, Zürich 1990, 144–175 (Wort Gottes).
Roland Barthes: Der Tod des Autors, in: Fotis Jannidis/Gerhard Lauer/Matias Matinez/Simone Winko (Hgg.): Texte zur Theorie der Autorschaft, Stuttgart 2000, 185–193.
Eberhard Bethge: Dietrich Bonhoeffer. Theologe- Christ – Zeitgenosse. Eine Biographie, Achte, korrigierte Auflage, Gütersloh 2004 (Bethge).
Eberhard Bethge (Hg.): Bonhoeffer Gedenkheft, Verlag Haus und Schule Gmbh, Berlin 1947 (Gedenkheft).
Eberhard Bethge (Hg.): Die Mündige Welt, München 1955 (MW I).
Eberhard Bethge: In Zitz gab es keine Juden. Erinnerungen aus meinen ersten vierzig Jahren; München 1989 (Zitz).
Renate Bethge: Dietrich Bonhoeffer. Eine Skizze seines Lebens, Gütersloh 2004 (Renate Bethge).
Die Bibel oder die ganze Heilige Schrift des Alten und Neuen Testaments nach der deutschen Bearbeitung D. Martin Luthers, Berlin 1911 (Luther 1911).
Ruth-Alice von Bismarck und Ulrich Kabitz mit einem Nachwort von Eberhard Bethge: Brautbriefe Zelle 92. Dietrich Bonhoeffer Maria von Wedemeyer 1943–1945, München 1992 (Brautbriefe).
Martin Bormann: Jesus Christus und die mündige Welt. Dietrich Bonhoeffers Briefe und Aufzeichnungen aus der Haft vor dem Hintergrund der erinnerten Jugendzeit, Rheinbach 2015.
Rudolf Bultmann: Neues Testament und Mythologie. Das Problem der Entmythologisierung der neutestamentlichen Verkündigung, Nachdruck der 1941 erschienenen Fassung, hg. von Eberhard Jüngel, München 1988 (Bultmann).

Wilhelm Dilthey: Weltanschauung und Analyse des Menschen seit Renaissance und Reformation, Gesammelte Schriften II. Band, 8., unveränderte Aufl. Stuttgart / Göttingen 1969 (Dilthey).

Kai-Ole Eberhardt: „Werkzeuge in der Hand des Herren der Geschichte“ – Überlegungen zum Zusammenspiel von Providenz und Verantwortungsethik in Dietrich Bonhoeffers Glaubenssätzen über das Walten Gottes in der Geschichte, in: Dietrich-Bonhoeffer-Verein (dbv): Zeitschrift „Verantwortung“, 32. Jahrgang / Nr. 61, Juni 2018, 8–12Ernst Feil: Die Theologie Dietrich Bonhoeffers. Hermeneutik. Christologie. Weltverständnis, München 1971.

Ernst Feil: Ende oder Wiederkehr der Religion? Zu Bonhoeffers umstrittener Prognose eines ‚religionslosen Christentums‘, in: Christian Gremmels/Ilse Tödt (Hgg.): Die Präsenz des verdrängten Gottes, München 1987, 27–49 (Feil).

Matthias Freudenberg/Georg Plasger (Hgg.): Barth lesen. Zentrale Texte seines Denkens, Zürich 2019.

Eberhard Grisebach: Die Grenzen des Erziehers und seine Verantwortung, Halle 1924.

Nadine Hamilton: Dietrich Bonhoeffers Hermeneutik der Responsivität. Ein Kapitel Schriftlehre im Anschluss an ‚Schöpfung und Fall‘, Göttingen 2016.

Jürgen Habermas: Auch eine Geschichte der Philosophie, Band 1: Die okzidentale Konstellation von Glauben und Wissen, Band II: Vernünftige Freiheit. Spuren des Diskurses über Glauben und Wissen, Berlin 2019. (Habermas 1).

Michael Hampe: Die Lehren der Philosophie. Eine Kritik, Berlin 2014 (Hampe).

Jürgen Henkys: Geheimnis der Freiheit. Die Gedichte Dietrich Bonhoeffers aus der Haft. Biographie/Poesie/Theologie, Gütersloh 2005 (Henkys).

Wolfgang Huber: Dietrich Bonhoeffer. Auf dem Weg zur Freiheit. Ein Porträt, München 2019 (Huber).

Michael Klessmann: Ambivalenz und Glaube, Stuttgart 2018 (Klessmann).

Jutta Koslowski (Hg.): Aus dem Leben der Familie Bonhoeffer. Die Auf-zeichnungen von Dietrich Bonhoeffers jüngster Schwester Susanne Dreß, Gütersloh 2019 (Dreß).

Martin Kuske: Das Alte Testament als Buch von Christus. Dietrich Bonhoeffers Wertung und Auslegung des Alten Testaments, Göttingen 1971.

Christina Lange: Was sagt mir Dietrich Bonhoeffer? Zugänge für den RU in der Sek I und II, Göttingen 2017.

Sabine Leibholz-Bonhoeffer: Vergangen. Erlebt. Überwunden. Schicksale der Familie Bonhoeffer, Gütersloh 1976 (Leibholz-Bonhoeffer).

Henning Luther: Identität und Fragment. Praktisch-theologische Überlegungen zur Unabschließbarkeit von Bildungsprozessen, in: Ders.: Religion im Alltag. Bausteine zu einer Praktischen Theologie des Subjektes, Stuttgart 1992.

Martin Luther: Von der Freiheit eines Christenmenschen (1520), in: Karin Bornkamm/Gerhard Ebeling (Hgg.): Martin Luther. Ausgewählte Werke. Bd. 1: Aufbruch zur Reformation, Frankfurt a.M. 1982, 238–263.

Martin Luther: Der große Katechismus (1529), in: Otto Clemen (Hg.): Luthers Werke. Studienausgabe, 4. Band, Berlin 1967.

Andreas Pangritz: Zu Dietrich Bonhoeffers Verständnis der Arkandisziplin, zu „Arkandisziplin“, Vottewag 2014, veröffentlicht: https://www.etf.uni-bonn.de/de/ev-theol/einrichtungen/systematische-theologie/personen/prof.-dr.-phil.-a.-pangritz-1/texte-zum-download/arkandisziplin-bei-bonhoeffer-november-2014.

Petra Roedenbeck-Wachsmann/Bernd Vogel: Werkbuch Paulus. Inspirationen und Provokationen für Gemeinde, Schule und Erwachsenenbildung, Stuttgart2016.
Hartmut Rosa: Resonanz. Eine Soziologie der Weltbeziehung, Berlin 2016.
Wolfgang Seehaber: Bonhoeffer und Bethge. Das Porträt einer wunderbaren Freundschaft, Basel 2016.
Friedrich Schleiermacher: Die Praktische Theologie nach den Grundsätzen der Evangelischen Kirche im Zusammenhang dargestellt, in: Jakob Frerichs (Hg.) Friedrich Schleiermacher: Sämmtliche Werke. Abteilung 1: Zur Theologie, 13. Band, Berlin 1983, 704ff.
Friedrich Daniel Schleiermacher: Über die Religion. Reden an die Gebildeten unter ihren Verächter. Ausgabe von Rudolf Otto, 8. Auflage, Göttingen 2002 (Schleiermacher).
Friedrich Daniel Ernst Schleiermacher: Vorlesungen zur Hermeneutik und Kritik, darin: Vorlesungsnachschrift Jonas, Sommer 1819, Kritische Gesamtausgabe Bd. II/4, hg. von Wolfgang Virmond unter Mitwirkung von Hermann Patsch, Berlin/Boston 2012.
Ferdinand Schlingensiepen: Dietrich Bonhoeffer 1906–1945. Eine Biographie, München 2005 (Schlingensiepen).
Christoph U. Schmick-Gustavus: Der ‚Prozeß' gegen Dietrich Bonhoeffer und die Freilassung seiner Mörder, Bonn 1995.
Annemarie Smith-von Osten: Von Treysa 1945 bis Eisenach 1946. Zur Geschichte der Grundordnung der Evangelischen Kirche in Deutschland, Göttingen 1980 (Treysa).
Dorothee Sölle: Stellvertretung. Ein Kapitel Theologie nach dem ‚Tode Gottes', Stuttgart/Berlin 1965 (Stellvertretung).
Anthony C. Thiselton: Hermeneutics. An Introduction, Cambridge 2009.
Paul Tillich: Systematische Theologie I, 8. Auflage Berlin /New York 1987.
Bernd Vogel: Glauben lernen. Auf Spurensuche bei Dietrich Bonhoeffer, Gütersloh 2006.
Bernd Vogel: Mensch Jesus! Auf Bonhoeffers Spuren – Jesus Christus neu verstehen lernen, Neukirchen 2007.
Bernd-Joachim Vogel: Ich möchte glauben lernen. Wagnis und Bildung. Dietrich Bonhoeffers Theologie in hermeneutischer und bildungstheoretischer Zuspitzung. Hannover, DOI: https://doi.org/10.15488/3704https://www.repo.uni-hannover.de/handle/123456789/3738. (Glauben lernen).
Michael Weinrich: Karl Barth. Leben – Werk – Wirkung, Göttingen 2019.
Carl Friedrich von Weizsäcker: Gedanken eines Nichttheologen zur theologischen Entwicklung Dietrich Bonhoeffers. Vortrag beim Bonhoeffer-Symposion (anlässlich Dietrich Bonhoeffers 100. Geburtstages), in: Hans Pfeifer: Genf 76. Ein Bonhoeffer-Symposion, München 1976, 29–67.
Werner Zager (Hg.): Rudolf Bultmann. Aus Zeit wird Ewigkeit. Trauerpredigten, Leipzig 2018.